유한 게임과
무한 게임

Finite and Infinite Games by James P. Carse

FINITE AND INFINITE GAMES

유한 게임과 무한 게임

인생이라는,
절대 끝나지 않는 게임에 관하여

제임스 P. 카스 지음
노상미 옮김

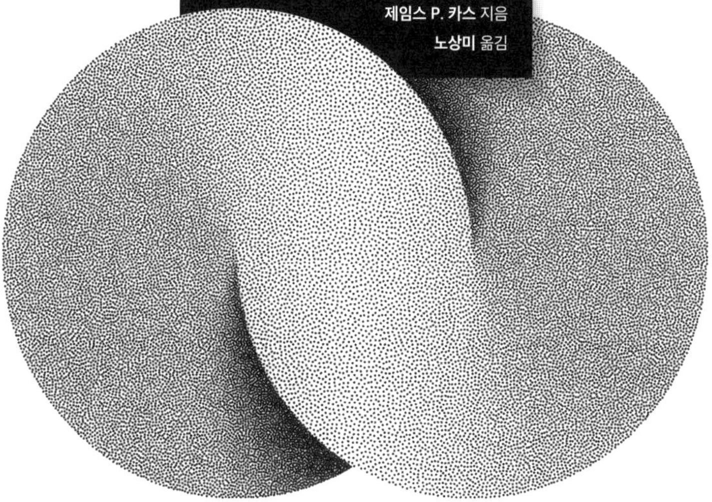

마인드빌딩

이 책을 알리사와 킨,

그리고 제이미에게 바친다.

차례

1장

적어도 두 종류의 게임이 있다

There Are at Least Two Kinds of Games

1 •

적어도 두 종류의 게임이 있다. 하나는 유한 게임, 다른 하나는 무한 게임이라 부를 수 있을 것이다.

유한 게임은 승리를 목적으로, 무한 게임은 게임 자체의 지속을 목적으로 한다.

2 •

유한 게임이 누군가 이기는 게임이라면 그 게임에는 확실한 끝이 있어야 한다. 유한 게임은 누군가 이겼을 때 끝이 난다.

모든 플레이어가 그들 가운데 누가 승자인지를 합의했을 때 우리는 누가 게임에서 이겼는지 알게 된다. 게임의 승자를 결정하는 데 플레이어들의 합의 외에 절대적으로 요구되는 조건은 없다.

관중이나 심판의 승인 역시 승자를 결정하는 데 필요해 보일지 모른다. 그러나 플레이어들이 승자에 합의하지 않는다면 게임은 확실하게 끝난 게 아니라는 것, 그리고 플레이어들이 게임을 한 본래의 목적을 이루지 못했다는 것은 자명한 사실이다. 설령 플레이어들을 경기장에서 퇴장시키고 더 이상 게임을 하지 못하도록 막아도 그들은 게임이 끝났다고 생각하지 않을 것이다.

플레이어들은 모두 동의하는데 관중과 심판이 동의하지 않으면 어떨까? 플레이어들은 자신들의 합의가 잘못되었음을 납득하지 않는 한 플레이를 재개하지 않을 것이다. 사실상 그들로서는 그렇게 할 수가 없다. 게임이 끝났다고 확신하는데 어떻게 경기장으로 돌아가 진심으로 플레이를 하겠는가.

플레이어들이 플레이를 하기로 자유로이 선택하지 않는 한 유한 게임은 없다. 플레이를 하도록 강요당하는 사람은 플레이를 할 수가 없다.

유한이든 무한이든 모든 플레이의 불변하는 원칙은, 플레이를 하는 사람은 누구든 스스로 원해서 자유로이 플레이를 한다는 것이다. 플레이를 강제로 해야만 하는 사람은 플레이를 할 수가 없다.

3 •

유한 게임에는 확실한 끝이 필수이듯 정확한 시

작도 있어야만 한다. 즉 유한 게임에는 시간적 경계가 있다고 할 수 있다. 물론 그에 대해서도 모든 플레이어들이 동의해야 하며, 플레이어들은 마찬가지로 공간적 경계와 수적 경계 설정에도 동의해야 한다. 말하자면 유한 게임은 명확한 장소 안에서 특정 숫자의 플레이어들과 해야만 하는 것이다.

공간적 경계는 가장 단순한 보드 게임이나 코트 게임부터 세계 대전에 이르기까지, 유한한 모든 대결에서 분명히 드러난다. 제2차 세계 대전의 교전국들은 하이델베르크와 파리는 폭격하지 않기로 합의했으며 스위스는 물리적 충돌의 경계 밖임을 선언했다. 전쟁 중 한쪽이 불필요하고 과도한 피해를 줄 때 그쪽이 주장할 수 있는 승리의 정당성에 대한, 심지어 그것이 전쟁이기나 했는지, 그저 불필요하고 부당한 폭력은 아니었는지에 대한 의문이 생긴다. 미국 남북 전쟁 당시 북군의 셔먼 장군이 애틀랜타부터 해안에 이르기까지 남부의 주요 도시를 초토화하며 진격했을 때 그는 공간적 제한을 무시했다. 그 때문에 북군은 그 전쟁의 정당한 승리자가 아니며, 사실 그 전쟁은 종결되지도 않았다고 여기는 사람들이 많다.

수적 경계는 여러 형태를 취하지만 유한 게임에는 항상 적용된다. 유한 게임은 사람들을 선정한다. 강제로 플레이해야 할 때 플레이를 할 수 없다는 것은 맞지만, 혼자서는 플레이를 할 수 없다는 것도 사실이다. 따라서 모든 경우, 우리와 함께 기꺼이 플레이에 참여할 상대 혹은 팀원을 찾아야만 한다. 원한다고 모든 사람이 뉴욕 양키스에서 뛰거나 뉴욕 양키스를 상대할 수는 없다. 마찬가지로 잠재적 동료나 경쟁자들의 승인 없이 개인의 선택에 의해 전기 기사나 농학자가 될 수도 없을 것이다.

유한 게임 플레이어들은 스스로를 플레이어로 선정할 수 없기 때문에 언제든 게임에서 제외될 수 있으며, 다른 참가자들이 그들과의 플레이를 거부할 수도 있다. 자격은 부여받은 자의 것이 아니며, 임명장 또한 수여자의 것이 아니다.

수적 경계의 항상성으로 보존되는 것은 당연히 모든 참가자가 최종 승자에 동의할 수 있다는 가능성이다. 사람들이 마음대로 경기장을 드나든다면 누가 참가자인지 불분명해 그 누구도 확실한 승자가 되지 못한다. 이를테면 프랑스 혁명의 승자는 누구란 말인가?

4 •

그러한 경계들이 있다는 것은 유한 게임은 각각 그 날짜와 장소, 그리고 멤버십이 외적으로 규정된다는 뜻이다. 1939년 9월 1일, 독일이 폴란드를 침공하면서 제2차 세계 대전의 서막을 알린 이 특정 사건에 대해 말할 때 우리는 세계의 시간을 기준으로, 즉 전쟁 시작 전에 일어난 일과 전쟁이 끝난 뒤 일어난 일의 관점에서 말한다. 장소와 멤버십도 마찬가지다. 게임은 바로 그 장소에서, 바로 그 사람들과 함께 치른다.

세계는 싸움의 경계들로, 그 자격에 따라 세세히 분류된 참가자들로 정교하게 특정된다.

5 •

유한 게임에서는 한 사람 내지 한 팀만 이길 수 있으나, 다른 참가자들 또한 게임이 끝날 때면 순위가 매겨질 것이다.

모든 사람이 사장이 될 수는 없어도, 그 자리를 놓고 경쟁한 몇 사람은 부사장이나 지역 관리자가 될 수는 있을 것이다.

이기리라는 기대 없이 참가하는 게임도 많지만, 그럼에도 우리는 그 게임에서 가능한 한 가장 높은 순위를 차지하기 위해 경쟁한다.

6 •

무한 게임은 한 가지 점에서, 오직 한 가지 점에서만 유한 게임과 동일하다. 무한 게임 플레이어들도 그들의 자유로운 선택으로 플레이를 한다고 할 수 있다. 무한 게임 플레이어들 역시 플레이를 강제로 해야만 한다면 플레이를 할 수가 없다.

이 외에는 무한 게임과 유한 게임은 정반대다.

무한 게임 플레이어들은 그들의 게임이 언제 시작되었는지 말할 수 없으며 그에 관심도 없다. 무한 게임 플레이어들은 그들의 게임에 시간적 경계가 없는 이유에 관심을 두지 않는다. 사실상 무한 게임의 유일한 목적은 게임이 끝나지 않도록 하는 것, 모든 사람이 플레이를 계속하는 것이다.

무한 게임에는 공간적 경계나 수적 경계도 없다. 어떤 세계도 무한 게임의 경계들로 특정되지 않으며, 원하면 누구든 무한 게임을 할 수 있으므로 자격 문제 또한 없다.

유한 게임은 외적으로 규정되는 반면 무한 게임은 내적으로 규정된다. 무한 게임의 시간은 세계의 시간이 아니라 그 게임 내에서 창출된 시간이다. 무한 게임의 각 경기는 경계들을 제거하므로 플레이어들에게 새로운 시간의 지평을 열어 준다.

이러한 이유로 무한 게임은 얼마나 오래 진행되었는지, 심지어 얼마나 오래 진행될 수 있는지도 말할 수 없다. 게임이 얼마 동안 지속되었는가는 게임 외적으로만 측정할 수 있기 때문이다. 또한 무한 게임이 어떤 세계 안에서 진행되는지를 말하는 것 또한 불가능하다. 하나의 무한 게임 안에 얼마든지 많은 세계가 존재할 수는 있지만 말이다.

7 •

유한 게임들은 무한 게임 안에서 진행될 수 있지

만, 무한 게임은 유한 게임 안에서 진행될 수 없다.

무한 게임 플레이어들은 어떤 유한 게임에 참가하든 그 승리와 패배를 계속되는 플레이의 순간들에 불과한 것으로 간주한다.

8 •

유한 게임이 시간적, 공간적, 수적인 제한을 외적으로 받아야만 한다면, 플레이어들이 서로에게 그리고 서로 함께 할 수 있는 행위에 대한 내적인 제한도 있어야 한다. 내적 제한에 대해 합의하는 것은 플레이의 규칙을 확립하는 것이다.

규칙은 각 유한 게임마다 다르다. 사실 게임의 규칙을 알면 그 게임이 어떤 게임인지 알 수 있다.

규칙이란 플레이어들에게 가해지는 일련의 제약이다. 이를테면 모든 플레이어는 흰 선 뒤에서 출발해야 한다거나, 월말에는 빚을 다 갚아야 한다거나, 환자가 무리 없이 감당할 수 있는 선에서 치료비를 청구해야 한다거나, 운전은 오른쪽 차선에서 해야 한다는 것처럼 말이다.

가장 협소한 의미에서 규칙은 법이 아니다. 다시 말해 규칙은 특정 행동을 하라는 명령이 아니라, 플레이어의 자유에 대한 제약이되 그 안에서 상당한 선택의 여지를 허용하는 제약일 뿐이다.

만약 이러한 제약들을 지키지 않으면 게임의 결과는 즉시 위태로워진다. 유한 게임의 규칙은 계약 조건으로, 플레이어들은 그 조건에 따라 누가 이겼는지 합의할 수 있다.

9 •

규칙은 게임 전에 공표되어야 하며, 플레이어들은 게임을 시작하기 전 규칙에 동의해야 한다.

여기서 모든 유한 게임에 적용되는 극히 중요한 사항을 알 수 있다. 바로 규칙에 대한 플레이어들의 동의가 그 규칙의 궁극적인 타당성을 구성한다는 것이다.

규칙이 타당한 이유는 의회가 통과시켜서, 한때 영웅들이 그에 따라 플레이를 해서, 하나님이 모세나 마호메트를 통해 선포해서가 아니다. 규칙은 플레이어들이 그에 따라 자유로이 플레이를 할 때, 오직 그렇게 할 때에만 타당하다.

우리에게 규칙에 복종하기를 요구하는 규칙은 없다. 만약 있다면 그 규칙에 대한 규칙이 있어야 할 것이고, 또 그 규칙에 대한 규칙도 있어야 하는 식으로 끝이 없을 것이다.

10 •

어느 유한 게임의 규칙이 그 게임 특유의 것이라

면 그 규칙은 플레이 과정에서 바뀌지 않을 것이다. 규칙이 바뀌면 다른 게임이 진행되는 것이나 다름없다.

이 점이 유한 게임과 무한 게임의 가장 결정적인 차이다. 무한 게임의 규칙은 플레이 과정에서 바뀌어야만 하기 때문이다. 무한 게임의 규칙은 플레이어들이 어느 유한한 결과, 즉 몇몇 플레이어들이 승리하고 나머지 플레이어들이 패배함으로써 그 게임이 위태로워졌다는 데 동의할 때 바뀐다.

무한 게임의 규칙은 누군가 게임에서 승리하는 것을 방지하고, 가능한 한 많은 사람이 플레이할 수 있도록 하기 위해 바뀐다.

유한 게임의 규칙이 플레이어들 간에 누가 이겼는지 합의할 수 있도록 하는 계약 조건이라면, 무한 게임의 규칙은 플레이어들이 플레이를 계속하기로 동의하도록 하는 계약 조건이다.

이러한 이유로 무한 게임의 규칙과 유한 게임의 규칙은 위상이 다르다. 무한 게임의 규칙이 현용되는 언어의 문법과 같다면, 유한 게임의 규칙은 토론의 규칙과 같다. 전자의 경우 서로 간의 담화를 지속시키기 위해서 규칙을 지키는 반면, 후자의 경우에는 다른 사람의 말을 끝맺게 하기 위해서 규칙을 지킨다.

현용되는 언어의 규칙이나 문법은 늘 진화하면서 담화의 유의미성을 보장하지만, 토론의 규칙은 일정하게 유지되어야만 한다.

11 ·

무한 게임의 규칙이 플레이 과정에서 언제든 합의에 의해 바뀔 수 있다고 해서 아무 규칙이나 그렇다는 말은 아니다. 이러한 의미에서 게임 자체가 무한한 것은 아니다.

규칙은 항상 플레이를 중단시킬 수 있는 특정 위협에 대처하기 위해 만들어진다. 무한 게임 플레이어들은, 그들의 플레이를 강제로 저지하는 경계나 제한을 게임 안으로 들여올 방식을 규제하기 위해 규칙을 사용한다.

규칙을 만드는 무한 게임 플레이어들의 능력은 흔히 그들의 플레이를 막는 강력한 한계들이 끼어들 때, 이를테면 육체적 쇠진이나 물자의 손실, 플레이를 하지 않은 비非플레이어들의 적의나 죽음 같은 것에 봉착할 때 도전받는다.

설령 죽음이 포함되어 있더라도 이러한 한계들을 플레이에 이입해 플레이어들이 게임을 계속할 수 있도록 해 줄 규칙을 만드는 것이 과제다. 게임이 무한하다는 것은 이러한 의미에서다.

이는 무한 게임에는 게임을 가로막는 어떤 제한도 가해질 수 없다는 것과 같다. 제한들이 플레이 안으로 들어오므로 게임 자체를 제한할 수 없다.

유한 게임 플레이어들은 경계들 내에서 플레이를 하고, 무한 게임 플레이어들은 경계들을 가지고 플레이를 한다.

12 •

유한 게임을 하는 사람은 누구든 자유로운 선택에 의해 플레이를 한다는 것이 이론적으로는 명백할지라도, 플레이어들은 대개 이 절대적 자유를 의식하지 못하며 그들이 하는 일은 무엇이건 강제로 해야만 하는 일로 여기게 된다. 여기에는 다음과 같은 몇 가지 이유가 있다.

- 앞에서 보았듯 유한 게임 플레이어들은 선택되어야만 한다. 누구도 변호사나 로데오 선수, 쿤달리니 요기로 선택된 이후 그 역할을 계속하도록 강요받지는 않지만, 그럼에도 각각의 역할은 다른 사람들이 규정한 제한과 기대에 둘러싸인다. 따라서 역할 수행을 일정 수준 지속해야 한다는 강박을 느끼게 되는데, 그러지 않을 경우 게임을 플레이할 권한을 잃을 수 있기 때문이다. 하고 싶은 대로만 하면서 변호사나 요기로 계속 남아 있을 수는 없다. 그러나 하고 싶지 않으면 역시나 할 수 없을 것이다.
- 유한 게임은 이기기 위해 하는 게임이므로 게임 속 플레이어들의 모든 움직임은 이기기 위한 것이다. 이기기 위해 한 일이 아닌 것은 그 게임에 속하지 않는다. 유한 게임 플레이어들은 늘 경기 진행에 신경을 곤두세우는데, 그러면서 자신들이 취하는 모든 행동을 반드시 해야 해서 하는 것이라 믿게 될 수 있다.

- 승리의 포상은 없어서는 안 되는 것이며, 포상이 없으면 삶은 무의미한 것으로, 아니 불가능한 것으로까지 보일 수 있다. 생사가 걸린 것처럼 보이는 게임들도 분명 있다. 예를 들어 노예 제도나 엄혹한 정치적 억압 상태에서 요구받은 역할을 하지 않겠다고 거절하는 경우 끔찍한 고통 내지는 죽음이라는 대가를 치를 수도 있다.

하지만 이같이 극단적인 경우에도 명령받은 역할을 받아들이는 사람은 선택에 의해 수용하는 것이란 사실을 우리는 인정해야만 한다. 그 역할을 거부하는 대가는 확실히 크지만, 압제자 본인들 또한 자신의 피지배자 중 최약자라 할지라도 자신의 압제를 수용해야만 한다는 점을 받아들인다는 사실 자체에도 충분한 가치가 있다. 만일 피지배자들이 저항할 줄 모르는 꼭두각시나 자동인형이라면 어떠한 위협도 필요치 않을 것이고 어떠한 대가도 치르지 않을 것이므로, 올더스 헉슬리의 《멋진 신세계》 속 감마나 조지 오웰의 《1984》 속 프롤, 그리고 카렐 차페크의 희곡 〈로섬의 만능 로봇〉 속 만능 로봇에게서 드러나는 압제자들의 이상에 대한 풍자도 없을 것이다.

유한 게임은 무한 게임과 달리 외적인 제한을 받지만, 무한 게임과 같이 그 제한은 플레이어에 의해 선택되어야만 한다. 유한 게임을 해야 할 필연성은 누구에게도 없기 때문이다. 간단히 말해 우리는 경기장에 강제로 던져지는 것이 아니다. 유한 게임의 모든 제한은 자기 제한이다.

13 •

언제든 경기장을 떠날 수 있는 유한 게임 플레이어의 실제적 자유와 경쟁을 계속해야 한다는 경험적 필연성 사이의 넓은 간격을 설명하자면, 유한 게임 플레이어로서 우리는 어떻게든 이 자유를 우리 자신에게서 은폐한다고 할 수 있다.

모든 유한 게임에는 어느 정도 자기 은폐가 존재한다. 플레이어들은 그들의 플레이에 내재하는 자발적 성격을 의도적으로 잊어야만 한다. 그렇지 않으면 모든 경쟁 노력이 사라질 것이다.

유한 게임은 처음부터 각 역할이나 위치를 진지하게 맡아야 한다. 플레이어는 자신을 교사로서, 라이트 헤비급 선수로서, 엄마로서 봐야만 한다. 그러한 역할을 적절히 수행하면서 그 역할이 그리고 있는 인물이 자기 자신이라고 확실하게 믿는다. 더 나아가 우리는 그 역할을 다른 사람들이 믿을 수 있도록 만든다. 조지 버나드 쇼의 말처럼, 이 여인을 오필리아로 보는 것이 아니라 오필리아를 이 여인으로 보는 것이 연기의 본질이다.

여배우의 연기가 무척 뛰어나 우리가 정말 오필리아를 그녀로 본다면, 우리는 연기된 감정을 보고 암송된 말을 듣는 것이 아니라 한 사람의 진정한 감정과 말을 보고 듣는 것이 된다. 여배우 역시 자신이 연기를 한다고 생각하기보다 어느 정도는 연기하는 감정을 느끼고 외운 대사를 진정으로 말하겠지만, 그럼에도 그것이 연기라는 사실은 그 말과 감정이 역할에 속한 것이지 여배우에게 속한 것은 아님을 의미한다. 사실 배우라면 자기 자신과 자신이 맡은 역할을 필수적으로 구분할 줄 알아야 한다. 그녀가 자기 자신으로서 느끼는 것은 오필리아와 무관하며, 연기를 할 때는 자기 자신에 이입해서는 안 된다.

물론 그녀는 연기를 할 때 자신이 연기를 하고 있음을 전혀 의식하지 못할 것이다. 그러나 그녀는 이 역할을 연기하기 위해 그녀 자신을 충분히 감추었다는 사실을, 자신이 오필리아가 아님을 당장은 잊기로 했다는 사실을 결코 망각하지 않는다. 그리고 관객인 우리도 우리가 관객이라는 사실을 망각하지 않는다. 우리가 설령 그녀를 오필리아로 본다 한들 그녀는 오필리아가 아니라는 사실을 결코 의심하지 않는다. 우리는 그녀의 은폐에 공모한다. 그녀가 연기한 감정이 우리에게 미치는 영향을, 강력할 수도 있는 그 영향을 허용한다. 그러나 그렇게 영향을 미칠 수 있도록 우리가 허용한다는 사실을 결코 망각하지 않는다.

모든 역할이 그렇다. 엄마의 역할 또한 자유롭게만 맡을 수 있다. 역할을 강제로 떠맡는 사람은 그 역할이 요구하는 대로 행동하기 위해 그에 걸맞은 진지한 태도로 자신의 자유를 보류해야만 한다. 엄마의 말, 행동, 감정은 그 역할에 속하지 그 사람에게 속하지 않는다. 비록 너무나 열심히 자신을 감추어 엄마의 감정과 자신의 감정을 전혀 구별하지 못하고, 스스로도 그 역할이 자기 자신이라고 믿는 사람들이 있다고 해도 말이다.

여기서 문제는 자기 은폐를 피할 수 있느냐 없느냐, 나아가 피해야 하느냐가 마느냐가 아니다. 사실상 자기 은폐 없이는 그 어떤 유한 게임도 가능하지 않다. 문제는 기꺼이 우리의 얼굴을 가렸던 베일을 내리고, 하나의 가면을 쓰고 세상을 마주하기로 자유로이 선택했다는 사실을 우리 자신에게라도 솔직하게 인정하느냐 마느냐다. 오필리아를 그녀로 보게 만드는 연기력을 가진 그 여배우가 자신과 역할을 구분할 줄 아는 명석함을 보여준다고 가정해 보자. 무대를 떠날 때 그녀는 연기를 포기하는 것이 아니라 단지 또 다른 역할, 말하자면 '여배우'의 역할을, 즉 공적인 행동에 세세한 대본이 있으며 그에 따라 공적인 행동을 하는 추상화된 인물을 맡기 위해 하나의 역할을 떠나는 것이 가능하지 않겠는가? 우리가 하나의 인생을 살면서 다른 인생, 아니 다른 인생들을 연기한다는 사실에 직면하게 되는 것은 어떤 순간일까? 순간적인 망각을 참인 것으로 만들고 망각을 지속시키려 하면서 말이다.

이를 문제로 만드는 것은 우리 자신을 감추는 일의 도덕성 여부가 아니다. 도리어 자기 은폐가 모순적인 행위라는 것, 다시 말해 우리 자유의 자유로운 보류라는 것이다. 나는 내가 망각했다는 사실을 망각할 수 없다. 너무나 자기 은폐가 뛰어나나 자신조차도 내 연기를 진짜라고 믿었을 수도 있다. 내가 바로 오필리아라고 확신했을 수도 있다. 그러나 그렇게 믿을 수 있다고 해서 자기 은폐의 모순성이 사라지는 것은 아니다. "믿는다는 것은 당신이 믿는다는 것을 아는 것이고, 당신이 믿는다는 것을 아는 것은 믿는 것이 아니다"(사르트르).

만일 아무리 감추어도 감추는 일 그 자체를 은폐할 수 없다면, 문제는 자기 은폐에 얼마만큼 진지하게 임할 것인가, 그리고 얼마만큼 다른 사람들이 그에 공모해 행동하도록 할 것인가다.

14 ·

유한 게임은 무한 게임 안에서 진행될 수 있기에 무한 게임 플레이어들은 유한 게임들이 수행하는 역할을 피하지 않는다. 오히려 무한 게임 플레이어들은 모든 적절한 에너지와 자기 은폐로 유한 게임에 참여하지만, 거기에 유한 게임 플레이어들이 지닌 진지함은 없다. 무한 게임 플레이어들은 유한 게임의 추상성을 추상성으로 받아들이기 때문에, 진지하게 임하는 것이 아닌 놀이하듯 가볍게playfully 게임에 들어선다. (여기서 '추상abstract'이라는 용어는 헤겔의 친숙한 정의에 따라 전체, 즉 '구체적인 concrete' 전 존재the whole being를 전체의 일부로 대체한 것이라는 의미로 사용된다.) 무한 게임 플레이어들은 사회적 관계 속에서 자유로이 가면을 쓰지만, 자신들이 가면을 쓰고 있다는 사실을 스스로에게 그리고 다른 사람들에게도 인정한다. 그러므로 무한 게임 플레이어들은 유한 게임에 참여하는 사람들 한 사람 한 사람을 누군가 맡아 하는 역할로서가 아니라 플레이를 하는 그 사람 자체로 여긴다.

진지함은 항상 역할 내지는 추상적인 것과 관련된다. 우리는 경찰이 제복으로 갈아입고 있는 모습을 볼 때보다 제복을 입은 상태로 위임받은 역할을 수행할 때 그들에게 더 진지해지기 쉽다. 진지함은 늘 확립된 대본, 우리가 영향을 미칠 수 없는 저 어디선가 완결된 질서와 관련이 있다. 선택의 차원에서 다른 사람들과 관계를 맺을 때, 그 관계가 어떻게 될지 사전에 알지 못할 때, 사실상 그 관계를 이어 간다는 결정 외에 그 관계가 이르게 될 결말을 누구도 알지 못할 때 우리는 마음이 가볍다.

마음이 가볍다는 것은 사소하다거나 시시하다거나, 혹은 어떤 결과도 생기지 않을 것처럼 행동하는 것이 아니다. 오히려 우리가 서로를 가벼운 마음으로 대할 때 우리는 자유로운 사람들로서 관계를 맺는다. 그리고 그러한 관계는 놀라움에 열려 있다. 일어나는 모든 일이 중요하며, 일어나는 모든 일에 결과가 따른다. 사실, 결과에 대해 문을 닫아 버리는 것이 진지함이다. 진지함이란 열린 가능성의 예측할 수 없는 결과에 대한 두려움이기 때문이다. 진지해진다는 것은 특정 결론을 강요하는 것이고, 가볍다는 것은 자신이 어떤 대가를 치르든 가능성을 허용하는 것이다.

그러나 결과로부터 보호받는 상황, 다시 말해 무엇을 하건(일정한 제한 내에서) 아무 결과도 생기지 않는 상황과 주로 연결되는 익숙한 형태의 가벼움이 있다. 이는 게임이 아닌 장난, 사회적 제약에 대한 무해한 무시다. 이러한 게임이 무한 게임에서 배제되는 것은 아니지만 무한 게임과 동일한 것 또한 아니다.

무한 게임 플레이어들은 역할의 추상적인 요건이 아닌 스스로의 자유에 의해 다른 사람들과 관계를 맺기에, 그들은 구체적인 사람들과 관계를 맺는 구체적인 사람들이다. 따라서 무한 게임은 추상화될 수 없다. 그 자체를 전체로 내세우는 전체의 일부가 아니라, 그것이 전체임을 아는 전체이기 때문이다. 우리는 규칙이 마치 플레이의 구체적인 상황과 무관한 듯, 누군가가 이런저런 무한 게임을 했다고 말할 수 없다. 단지 그들이 서로 플레이를 했다고, 그들이 시작한 것을 끝낼 수 없는 방식으로 플레이를 했다고 말할 수 있을 뿐이다.

15 ·

유한 게임은 결말을 의도하며, 그 역할에 대본이 있고 관객을 위해 역할을 수행하므로 연극적theatrical이라고 할 수 있다. 대본과 플롯이 사전에 쓰인 것처럼 보이지 않더라도 우리는 언제든 승리로 이어진 길을 돌아볼 수 있으며, 승자들에 대해 그들이 어떻게 행동하고 무슨 말을 할지 확실히 알고 있었다고 말할 수 있다.

무한 게임 플레이어들은 항상 미래를 열어 두며, 모든 대본을 부질없는 것으로 여기고 모든 결말을 피하므로 무한 게임은 극적dramatic이라고 할 수 있다.

우리는 극적으로 엄마가 되길 선택하고, 연극적으로 엄마의 역할을 맡는다.

16 ·

유한 게임에서는 플레이를 하기 위해 규칙을 지키지만, 규칙을 지키는 것이 플레이의 전부는 아니다.

유한 게임의 규칙은 대본이 아니다. 대본은 규칙에 따라 구성되지만 규칙과 동일하지는 않다. 대본은 말이든 행동이든 플레이어들끼리 실제 서로 주고받는 상호 작용의 기록이므로 사전에 쓰일 수 없다. 진정한 유한 게임이라면 대본은 모두 플레이 과정에서 써진다.

이는 게임이 진행되는 동안에는 모든 유한 플레이가 극적이라는 의미다. 그 결말을 아직 모르기 때문이다. 결말을 모른다는 것, 이것이 바로 게임을 진정한 게임으로 만드는 요소다. 유한 게임의 연극성은 결말이 있다는 사실과는 무관하다.

유한 게임은 극적이지만, 잠정적으로만 극적이다. 결말이 나자마자 우리는 게임을 되돌아보며, 비록 경쟁자들이 자유로이 취한 것이라 해도 일련의 수들이 어떻게 이러한 결과만을 낳을 수 있었는가를 확인할 수 있다. 어떻게 모든 수가 딱 들어맞아 이 플레이어가 승리할 수밖에 없었는지를 알 수 있는 것이다.

유한 게임이 잠정적으로 극적이라는 사실은, 모든 플레이어가 선호하는 결말을 불가피하게 만들어 게임에서 극적인 상황을 제거하고자 한다는 것을 의미한다. 플레이 솜씨가 더할 나위 없이 완벽해 어떤 일에도 놀라지 않는, 너무나 완벽히 훈련되어 있어 처음부터 게임의 모든 수를 내다보는 마스터 플레이어master player가 되는 것이 모든 유한 게임 플레이어가 원하는 바다. 진정한 마스터 플레이어는 플레이에 앞서, 모든 것이 세세하게 기록돼 있는 대본에 따라 마치 과거에 이미 경험했던 것처럼 게임을 한다.

17 •

놀라움은 대부분의 유한 게임에서 매우 중요한 요소다. 상대가 놓을 수 있는 수 각각에 대처할 준비가 되어 있지 않을 경우 패배할 가능성은 확실히 높아진다.

그러므로 승리할 가능성이 가장 높아지는 때는 상대를 놀라게 할 때다. 유한 게임에서 놀라움은 미래에 대한 과거의 승리다. 어떤 수가 나올지 이미 알고 있는 마스터 플레이어는 어떤 수가 나올지 아직 모르는, 준비되지 않은 플레이어보다 결정적으로 유리하다.

유한 게임 플레이어는 미래의 모든 가능성을 내다보기 위해서만이 아닌 미래를 통제하기 위해, 미래가 과거를 바꾸는 것을 방지하기 위해 훈련을 받는다. 이는 예측할 수 없는 결과를 두려워하는 진지한 모드의 유한 게임 플레이어다.

한편 무한 게임 플레이어는 놀랄 것을 기대하며 플레이를 계속한다. 더 이상 놀라울 일이 없을 경우 모든 플레이는 멈춘다.

놀라움은 유한 게임을 끝내지만, 무한 게임에 있어서는 플레이를 계속할 이유다.

무한 게임에서 놀라움은 과거에 대한 미래의 승리다. 무한 게임 플레이어들은 과거를 결말이 있는 것으로 간주하지 않으므로 거기에서 무엇이 시작되었는지 알 도리가 없다. 놀라움이 발생할 때마다 과거는 그 자체에 내재된 새로운 시작을 드러낸다. 미래는 항상 놀랍기에 과거는 항상 변한다.

유한 게임 플레이어들은 미래가 과거를 바꾸는 것을 방지하고자 훈련을 받기 때문에 그들이 장차 둘 수를 감추어야만 한다. 준비가 안 된 상대는 계속 준비가 안 된 채로 있어야만 한다. 유한 게임 플레이어들은 자신의 진짜 모습과 다르게 보여야만 한다. 겉으로 보이는 모든 것은 은폐의 결과다. 보이는 게 보이는 것이 아닌 것이다. 유한 게임 플레이어의 모든 수는 기만책이다. 상대를 홀리고, 방심하게 만들고, 눈을 속이고, 위조하고, 변조하고, 그릇된 방향이나 장소를 가리키는 그런 기만술이다.

무한 게임 플레이어들은 미래에 놀랄 준비가 되어 있기 때문에 완벽하게 열린 상태로 플레이를 한다. 그것은 솔직함과 같은 열림이 아니라 취약함과 같은 열림이다. 자신의 불변하는 정체성, 늘 있었던 진정한 자기를 내보이는 문제가 아니라 자신의 끊임없는 성장을, 이제 나타날 극적인 자기를 드러내는 방식이다. 무한 게임 플레이어는 놀라움에 즐거워할 일만을 기대하지 않고, 그로 인해 극적인 변화를 겪게 되길 기대한다. 놀라움은 어느 추상적인 과거가 아닌 자기 자신의 과거를 바꾸기 때문이다.

놀라움에 대비한다는 것은 훈련을 받는다는 뜻이고, 놀랄 준비를 한다는 것은 교육을 받는다는 뜻이다.

교육은 과거에서 자라나는 풍요로움을 발견한다. 과거 안에서 미완인 것을 보기 때문이다. 훈련은 과거를 끝난 것으로, 그리고 미래를 끝날 것으로 간주한다. 교육은 끊임없는 자기 발견으로 이끌고, 훈련은 궁극적인 자기 확인으로 이끈다.

훈련은 완결된 과거를 미래에서 반복한다. 교육은 미완의 과거를 미래로 이어 간다.

18 •

유한 게임에서 승리해 얻는 것은 타이틀이다.

타이틀이란 특정 게임에서 승자가 되었다는 사실에 대한 다른 사람들의 인정이다. 타이틀은 공적이며, 다른 사람들이 주목하는 것이다. 나는 다른 사람들이 나를 나의 타이틀로 불러 주길 기대하지만, 나 자신을 그 타이틀로 부르지는 않는다. 물론 내가 나 자신을 다른 사람으로 부르지 않는 한 말이다. 타이틀의 유효성은 그 가시성과 주목 가능성, 즉 다른 사람들이 볼 수 있느냐, 주목할 수 있느냐에 달려 있다.

19 ·

유한 게임은 어떤 게임이건 여러 차례 할 수 있지만, 매번의 게임은 독특하다. 그 시간에, 그 플레이어들이 한 게임은 다시 할 수 없다.

타이틀은 영원하지만 인정을 받아야만 존재하므로 우리는 타이틀에 대한 기억을 보장할 수단을 찾아야만 한다. 성당 천장에는 죽은 추기경들이 썼던 각진 모자 비레타들이 영원한 듯 매달려 있고, 위대한 선수들의 등 번호는 앞으로 모든 경기에서 물러나거나 제외되며, 위대한 업적은 불멸의 석판에 새겨지거나 영원한 불꽃으로 기억된다.

상속되는 타이틀도 있다. 원래의 승자와 혈연 내지는 다른 실제적 연관성이 입증될 때에 한해서 말이다. 이는 승자가 그 후손들 안에서 계속 살아 있음을 시사한다. 따라서 타이틀의 상속자는 그에 걸맞은 상징을, 다시 말해 문장紋章이나 식별 가능한 화법, 의복, 행동 따위를 보여 줄 의무가 있다.

타이틀의 정당성을 입증하고 영구적으로 그 인정을 보증하는 것은 사회의 주된 기능이다.

20 •

타이틀의 영원성과 관련해, 우리는 유한 게임과 무한 게임 양쪽 모두에서 죽음의 중요성 그리고 각 게임에 있어 죽음이 이해되는 방식의 큰 차이를 파악할 수 있다.

유한 게임은 항상 종국적인 수로, 게임의 경계 안에서 더 이상의 도전이 불가능하도록 승자를 확정하는 결정적인 행위로 승리해야 한다. 달리 말해 종국적인 수는 상대 플레이어에게 플레이어로서의 죽음을 안긴다. 승자는 상대를 죽인다. 패자는 더 이상 경기를 할 수 없다는 의미에서 죽는다.

정확히 말하자면, 유한 게임에 삶과 죽음 자체가 걸린 경우는 거의 없다. 게임에 이겨서 얻는 것은 타이틀이다. 유한 게임의 패자가 죽어 더 이상 플레이를 하지 못한다는 선언은, 그 사람은 아무런 타이틀이 없다는, 그러므로 주목할 필요가 전혀 없는 사람이라는 뜻이다. 유한 게임에서 죽음은 미래에 대한 과거의 승리, 그 어떤 놀라움도 가능하지 않은 상태다.

따라서 유한 게임 플레이어에게 죽음은 육신의 물리적 소멸과 전혀 상관이 없어도 무방하다. 죽음이 신체 상태에 대한 언급이 아니기 때문이다. 일반적으로 죽음이 육신의 운명과 관련되는 방식은 두 가지다. 우리는 살아 있으면서 죽어 있을 수 있고, 죽어 있으면서 살아 있을 수 있다.

살아 있으면서 죽어 있는 삶 속의 죽음은, 모든 플레이를 중단한 존재 양식이다. 더 이상 타이틀을 쟁취하기 위해 애쓰지 않고, 다른 사람들과 경쟁하는 모든 일을 포기한 상태다. 모두가 그러한 것은 아니지만 어떤 이들에게 삶 속의 죽음은 불행이고, 패자의 지위를 체념하듯 받아들이는 것이고, 인정받기 위해 그 어떤 타이틀을 치켜들기도 거부하는 것이다. 하지만 또 다른 이들에게는 삶 속의 죽음이 성취로, 정신적 수련의 결과로 간주될 수 있다. 말하자면 세상과 싸운 온갖 흔적을 소멸시키려는 정신적 수련의 결과, 즉 모든 타이틀의 필요로부터의 해방으로 말이다. "그대 죽기 전에 죽으라"고 이슬람교의 신비주의자sufi들은 말한다.

죽어 있으면서 살아 있는 죽음 속의 삶은, 타이틀을 지닌 이들과 유관하다. 타이틀은 영원한 것이므로 그들의 타이틀은 죽음으로 소멸되지 않는다. 이때 불멸성은 보상이 아니라 보상 소유의 필요조건이다. 승자들은 영원히 살아간다. 그들의 영혼이 죽음의 영향을 받지 않아서가 아니라, 그들의 타이틀이 망각되어서는 안 되기 때문이다.

죽어 저세상으로 간 것은 이집트 파라오들의 영혼만이 아니었다. 그들의 완벽한 지위와 역할도, 그들이 이승에서 거두었던 위업을 구체적으로 상기시키는 모든 것들과 함께 저세상으로

갔다. 여기에는 불멸이란 타이틀을 가진 주인의 수발을 위해 죽음에 처하는 하인들도 포함되었다. 기독교 성인들에게 있어 "죽음은 그 가시를 잃었다". 인간 영혼에 본질적으로 불멸인 무엇이 있어서가 아니라, 그들이 선한 싸움을 했으며 "그리스도 예수 안에서 위에서의 부름이라는 하나님의 상을 받으려는 목적을 향해"(바울) 성공적으로 나아갔기 때문이다.

군인은 대개 죽음으로 삶을 성취한다. 군인은 살아 있기 위해서가 아닌 나라를 구하기 위해서 싸운다. 자기 자신만을 보호하기 위해 싸우는 것은 사실상 최고의 군사범죄로 간주된다. 하지만 적과 싸우다 죽을 경우 국가 최고의 보상을 받는다. 영원히 기억될 인물로 선포되는 것이다. 무명용사들조차도 기념된다. 그들의 이름은 사라졌으나 그들의 타이틀은 사라지지 않는다.

유한 게임의 승자들이 획득하는 것은 사후 생명afterlife이 아니라 사후 세계afterworld이며, 계속 존재하는 것이 아니라 계속 그 타이틀을 인정받는 것이다.

21 •

삶과 죽음이 걸린 것처럼 보이는 게임들도 있다.

때로 극단적인 형태의 노예 제도는, 플레이의 대가로 목숨을 부지하는 특전을 주고 플레이를 거부하는 대가로 죽음을 가한다. 그러나 이러한 교환에는 어쩐지 기이한 측면이 있다. 노예는 삶을 받는 것이 아니라 삶을 바친다. 그 삶의 유일한 기능은 주인의 우월성을 보여 주는 것이다. 노예의 목숨은 주인의 재산이며, 노예는 오직 주인이 이전에 거둔 승리의 상징으로만 존재한다.

노예는 삶을 내주어야만 삶을 가질 수 있다. "자신의 생명을 사랑하는 자는 잃을 것이고, 이 세상에서 자신의 생명을 미워하는 자는 영생토록 보존할 것이다"(예수).

어쩌면 삶 아니면 죽음이라는 속박 형태의 보다 일반적인 예는, 생명을 위협하는 질병을 치료받기 위해 값비싼 의료 전략에 의지하는 사람들에게서 찾아볼 수 있을 것이다. 그들 또한 생명을 돌려받기 위해 생명을 내주는 것처럼 보인다. 또 젊음을 연장하고 노화와 죽음을 무기한으로 늦추기 위해 특별한 다이어트와 생활 방식을 고수하는 사람들도 그렇다. 그들 역시 후일에 얻을지 모르는 삶을 위해 지금 이 세상에서의 자기 삶을 혐오한다. 그리고 노예들과 마찬가지로 그들이 받는 삶 또한 다른 사람들에 의해, 즉 의사나 요기, 그들이 숭배하는 익명의 인물들에 의해 주어진다.

유한 게임 플레이어들에게 삶이 승리에 대한 상으로 여겨진다면, 죽음은 패배의 증거다. 그러므로 죽음은 선택되는 것이 아니라 가해지는 것이고, 죽지 않으려는 싸움이 실패할 때 발생한다. 죽음은 판결로, 치욕으로, 확실한 나약함의 표시로 다가 오며, 유한 게임 플레이어에게 죽음은 받아 마땅한 것, 삯으로서 받는 것이다. "죄의 삯은 죽음이다"(바울).

만일 패자가 죽는다면, 죽은 자 또한 패자다.

여기에는 모순이 있다. 만일 유한 게임에서 이겨 얻는 상이 삶이라면, 그 플레이어들은 당연히 살아 있는 것이 아니다. 그들은 삶을 얻기 위해 경쟁하고 있다. 그렇기에 삶은 플레이 그 자체가 아닌 플레이의 결과가 된다. 유한 게임 플레이어들은 살아서 플레이를 하고 있는 것이 아니라, 살기 위해 플레이를 한다. 따라서 삶은 받아 마땅하고, 수여되고, 소유되고, 쟁취된다. 살아지지 못하고 "삶 자체가 삶의 수단으로만 보이게 된다"(마르크스).

이는 모든 유한 게임에 공통되는 모순이다. 유한 게임의 목적은 플레이어들 중 하나가 승리를 거둬 플레이를 끝내는 것이므로, 모든 유한 게임은 게임 자체를 끝내기 위해 게임을 한다고 볼 수 있다. 다시 말해 그 모순이란 바로 모든 유한 게임이 그 자체에 반하는 게임이라는 것이다.

22 ·

유한 게임 플레이어에게 죽음은 구체적이지 않고 추상적이다. 살아 있으면서 죽어 있고, 죽어 있으면서 살아 있는 것은 전 인간the whole person이 아닌 그 전체의 추상화된 단편일 뿐이다.

그러므로 유한 게임 플레이어에게는 삶 역시 추상적이다. 살아가는 것은 전 인간이 아니다. 만일 삶이 삶의 수단이라면 우리는 우리 자신을 추상화해야 하는데, 이는 오직 추상적인 것을 쟁취하기 위함이다.

따라서 불멸은 그러한 추상적인 것의 위업이며, 구제할 길 없는 연극성의 상태다. 불멸의 영혼이란 이미 대본에 있는 역할을 계속 수행할 수밖에 없는 사람이다. 불멸하는 인간은 죽기를 선택할 수도, 같은 이유로 살기를 선택할 수도 없을 것이다. 불멸은 진지하며, 전혀 가볍지 않다. 행동은 그 자체를 넘어 아무런 결과도 가질 수 없다. 사후 세계에는 그 어떤 놀라움도 없다.

물론 불멸을 갈망하는 데 있어, 성격의 흔적이 전부 씻겨 나간 순수한 영혼의 불멸을 욕망하는 일은 거의 없다. "내 영혼이 영원할 것이라는 정보는, 내 충수가 병에 담겨 영구 보존될 것이라는 소식 이상으로 내 개인적인 관심을 끌지 못할 수도 있다"(안토니 플루). 우리가 보존하고자 하는 것은 공적인 인격, 즉 영구적 가면을 쓴 자기인 경우가 더 흔하다. 불멸이란 우리가 망각했음을 망각한 상태다. 우리가 유한 게임을 하기로 자유로이 결정했다는 사실을, 진지하지 않고 가벼운 그 결정을 간과하고서 말이다.

그러므로 불멸은 유한 게임의 모순성을 가장 잘 보여 주는 예다. 그것은 사람이 살 수 없는 삶이다.

23 •

무한 게임 플레이어들은 죽는다. 죽음이라는 한계는 언제나 무한 게임의 일부이므로, 무한 게임 플레이어는 플레이 끝에서 죽는 것이 아니라 플레이 과정에서 죽는다.

무한 게임 플레이어의 죽음은 극적이다. 이는 게임이 죽음으로 끝나게 된다는 말이 아니다. 오히려 무한 게임 플레이어들은 게임을 계속하는 방법으로서 그들의 죽음을 제공한다. 따라서 무한 게임 플레이어들은 그들 자신의 삶을 위해 플레이하지 않는다. 그들은 그들 자신의 플레이를 하기 위해 산다. 그러나 플레이는 항상 다른 사람들과 함께 하는 것이므로, 무한 게임 플레이어들은 다른 사람들의 삶을 지속시키기 위해 살고 죽는다.

유한 게임 플레이어들은 불멸을 위해 플레이를 하지만, 무한 게임 플레이어들은 결국엔 죽을 운명을 타고난 인간으로서 플레이를 한다. 무한 게임에서 우리는 결국 죽게 돼 있는 인간이기를 선택한다. 지평과 놀라움을 향한, 대본이 있을 수 없는 열린 플레이를 하는 한 언제나 극적으로 플레이를 하기 때문이다. 이는 전적인 취약성을 요구하는 플레이다. 불확실한 미래로부터 스스로를 보호하기 시작하면, 우리는 경계를 설정하고 더 이상 다른 사람들과 함께가 아닌 그들을 상대로 플레이하게 된다.

유한 게임에서 죽음은 패배와 같다. 자신의 경계가 무너지고, 상대에게 무너지는 것이다. 유한 게임 플레이어는 다른 플레이어의 종국적인 수에 죽는다.

비록 무한 게임 플레이어들이 결국엔 죽게 돼 있는 인간이기를 선택할지라도, 그들은 죽음이 언제 닥칠지 알지 못할 것이다. 하지만 우리는 항상 그들에 대해 "그들은 적당한 때에 죽는다"(니체)고 말할 수 있다.

살기 위한 유한 게임은 진지하며, 삶 그 자체인 무한 게임은 즐겁다. 무한 게임에는 웃음이 울려 퍼진다. 이는 목적지와 달리 예기치 못한 끝에 도달한 다른 사람들을 보고 웃는 웃음이 아니라, 우리가 도달하리라 생각한 끝이 예상과는 달리 열려 있음을 함께 알아챈 다른 사람들과 웃는 웃음이다. 놀랍게도 우리는 다른 사람들의 불가능을 보고 웃는 것이 아닌, 다른 사람들과 함께할 수 있는 가능을 보고 웃는다.

24 •

유한 게임이 본질적으로 모순적이듯, 무한 게임은 본질적으로 역설적이다. 무한 게임 플레이어들의 목적은 게임을 계속하는 것이기 때문에 그들은 그들 자신을 위해 플레이하지 않는다. 유한 게임의 모순은, 플레이어들이 그들 자신을 위해 플레이를 끝내고 싶어 한다는 것이다. 무한 게임의 역설은, 다른 사람들의 플레이가 계속되기를 플레이어들이 바란다는 것이다. 다시 말해 무한 게임 플레이어들은 다른 사람들이 게임을 계속할 때에만 플레이를 한다.

무한 게임 플레이어들이 최고의 플레이를 할 때는, 플레이를 계속하는 데 그들 자신이 거의 필요 없게 될 때다. 따라서 무한 게임 플레이어들은 결국엔 죽어야 할 인간으로서 플레이를 한다.

무한 게임의 기쁨, 그 웃음은, 우리가 끝낼 수 없는 무언가의 시작을 배우는 데서 나온다.

25 •

유한 게임 플레이어들이 게임에 승리해 타이틀을 획득한다면, 무한 게임 플레이어들은 이름 말고는 아무것도 소유하지 않는다고 할 수 있다.

이름 역시 타이틀처럼 주어지는 것이다. 우리는 자기 자신에게 타이틀을 줄 수 없듯, 자기 자신에게 이름을 지어 줄 수 없다. 그러나 무슨 일을 해냈음에 주어지는 타이틀과 달리 이름은 태어날 때, 다시 말해 아직 어떤 일도 해낼 수 없을 때 주어진다. 타이틀은 플레이 끝에 주어지고, 이름은 시작할 때 주어진다.

누군가가 타이틀로 알려질 때 관심은 종결된 과거, 즉 다시 플레이되지 않을 게임에 쏠린다. 타이틀은 사실상 한 사람을 플레이에서 제외시킨다.

누군가가 이름으로만 알려질 때 다른 사람들의 관심은 열린 미래에 쏠린다. 무엇을 기대해야 할지 알 수 없기 때문이다. 우리가 서로를 이름으로 부르기 시작하면 우리는 모든 대본을 무시하게 되며, 우리의 관계가 깊은 관계가 될 가능성을 열게 된다. 지금 내가 당신의 미래를 예측할 수 없다는 사실은 나의 미래 역시 예측 불가능하게 만든다. 우리는 서로의 미래 속으로 들어간다. 당신의 미래와 나의 미래가 우리의 미래가 되며, 우리는 서로 놀랄 준비를 한다.

타이틀은 추상적이고, 이름은 구체적이다.

승자로 확실한 인정을 받게 되면 이름이 타이틀의 힘을 가질 수 있다. 우리는 오명을 씻기 위해, 혹은 집안의 명예를 지키기 위해 행동할 때도 있다. 심지어 이름이 관습적인 의미로 타이틀이 되기도 한다. '카이사르'나 '나폴레옹', 그리고 "모든 이름 위에 있는 예수의 이름"(바울)처럼 말이다. 예수가 이름보다는 타이틀로 간주될 때 예수는 추상화되고 연극의 역할이 되며, 우리와 어떤 미래도 공유할 수 없는 사람, 보다 정확히는 우리를 위해 짜인 대본대로 혹은 결정된 대로 사는 우리 미래의 마스터플레이어가 된다. 예수는 요한복음에서 "아브라함이 있기 전에 내가 있다"고 자신에 대해 말한다.

26 •

그렇다면 타이틀은 시간을 거꾸로 가리킨다고 할 수 있다. 타이틀의 기원은 되풀이할 수 없는 과거에 있다.

타이틀은 연극적이고, 각각의 호칭과 행동에 있어 특정한 의례 형식이 있다. 선장, 부인, 경, 귀하, 교수, 동지, 신부, 차관과 같은 타이틀은 그에 합당한 경의나 존경이 담긴 호칭의 양식뿐 아니라, 호칭의 내용(해군 원수, 지방 검사, 성모와 논해야 하는 주제들은 각기 다르다) 또는 호칭의 관례(악수를 하거나, 무릎을 꿇거나, 엎드려 절을 하거나, 가슴 앞으로 십자가를 긋거나, 경례를 하거나, 고개를 숙여 인사를 하거나, 눈을 돌리거나, 입을 다물고 서 있는 등의 관례) 또한 제시한다.

호칭의 양식과 내용 그리고 관례는, 타이틀을 지닌 사람이 더 이상 경쟁하고 있지 않은 분야에 대한 인정이다. 달라이 라마나 세계 헤비급 챔피언과는 더 이상 경쟁할 수 없는, 명확한 분야가 존재하는 것이다. 그들에게서 과거에 있었던 경쟁의 타이틀을 박탈하는 행위는 있을 수 없다. 따라서 그들의 타이틀을 인정하는 한 우리는 그러한 영역에서, 그들과의 모든 경쟁에서 물러난다.

27 •

타이틀은 강력하다. 타이틀이 획득된 영역에서는 그 주변 사람들에게 양보하기를, 저항을 철회하기를, 그리고 타이틀을 가진 이의 의지에 따르기를 기대한다.

힘의 행사는 언제나 저항을 전제한다. 힘은 둘 이상의 요소들이 대립하기 전까지는 분명치 않다. 무엇이 됐든 그것이 다른 것을 움직일 수 있다면, 그것이 더 강력한 것이다. 만일 보살이나 인디애나 주 고적대의 지휘자 챔피언이 되고자 애쓰는 사람이 아무도 없다면, 그 타이틀은 아무런 힘도 없을 것이고, 아무도 그 타이틀을 존중하지 않을 것이다.

또한 힘의 행사는 닫힌 영역을, 그리고 유한한 시간 단위를 전제한다. 나의 힘은 주어진 시간적, 공간적 제한 내에서 내가 퇴치할 수 있는 저항의 양으로 결정된다. 문제는 내가 10파운드를 들어 올릴 수 있느냐 없느냐가 아니라, 내가 1분 안에 땅바닥에서 혹은 특정한 시간적, 공간적 제한 내에서 10파운드 5피트를 들어 올릴 수 있느냐 없느냐다.

제한 설정은 다른 사람들과 비교해 내가 얼마나 강력한지를 알 수 있게 해 준다.

힘은 항상 비교 단위로 측정된다. 이는 사실상 경쟁 용어인 것이다. 즉 다른 사람들과 비교해 내가 얼마나 많은 저항을 극복할 수 있느냐의 문제다.

힘은 유한 게임에만 속하는 개념이다. 그러나 힘은 게임이 끝나기 전에는, 다시 말해 정해진 시간이 전부 소요되기 전에는 정확히 측정될 수 없다. 플레이가 진행되는 동안에는 플레이어들의 힘을 결정할 수 없다. 진정한 플레이라면 그 결과를 미리 알 수 없기 때문이다. 우월해 보이는 상대에게 경기장 사방에서 밀리고 있던 플레이어가, 끝에 이르러 돌연 예기치 못한 활약으로 승리를 거머쥘 수도 있다. 1948년 미국 대통령 선거 때 많은 미국인들은 개표 마지막 순간까지 해리 트루먼 후보가 토머스 듀이 후보보다 훨씬 약세라고 생각했다.

한 사람의 힘에 대해 유의미하게 말한다는 것은, 여러 닫힌 영역에서 그 사람이 이미 경쟁했던 이야기를 하는 것이다. 따라서 힘을 안다는 것은 시간을 되돌려 바라본다는 뜻이다.

힘은 게임의 결과로 측정되므로, 강력해서 이기는 것이 아니라 이겨서 강력해지는 것이다. 만일 게임 시작 전에 이길 힘이 충분하다고 한다면, 뒤이어 벌어지는 것은 전혀 게임이라 볼 수 없다.

우리는 인정받은 타이틀을 소유해야만 강력해질 수 있다. 즉 다른 사람들의 의례적인 존중을 통해서만 강력해질 수 있는 것이다. 힘은 결코 우리 자신의 것이 아니며, 그러한 면에서 모든 유한 게임에 내재된 모순을 보여 준다. 나는 플레이를 하지 않아야만, 그 게임이 끝났음을 보여 줘야만 강력해질 수 있다. 나는 오직 다른 사람들이 주는 힘만 가질 수 있을 뿐이다. 힘은 플레이가 끝난 뒤 관객에 의해 수여된다.

힘은 모순적이고, 또 연극적이다.

28 •

힘은 타이틀에 대한 존경의 문제라는 말이 믿기

어려운 주장으로 보일 수도 있다. 만일 무언가가 현실의 영구적 특질로 보인다면 그것이 바로 힘이다. 날씨의 변화나 정부의 법령서부터 저항할 수 없는 본능적 충동과 노화 과정에 이르기까지, 안팎에서 끊임없이 우리를 덮치는 우월한 힘들은 우리가 무력하리만큼 어쩔 수 없는 환경의 피조물임을 입증해 주는 것처럼 보인다. 이는 힘이 연극적이라는 말을 명백한 거짓처럼 보이게 한다.

그럼에도 불구하고 힘의 연극적 본성은 앞에서 도달한 원리, 즉 플레이를 강제로 해야만 하는 사람은 플레이를 할 수 없다는 원리와 양립 가능한 것으로 보인다. 그 원리에 담긴 직관적인 생각은 우리가 충분히 협력하지 않는 한, 다시 말해 우리가 이기기 위해 그 게임에 참여하지 않는 한 누구도 우리를 경쟁적인 참여로 이끌 수 없다는 것이다. 힘은 오직 비교적인, 즉 경쟁적인 용어로만 측정될 수 있기에 어떤 종류의 협력을 전제한다. 만일 우리가 타이틀을 가진 승자를 존경해 그의 의사에 따른다면, 그것은 오로지 우리가 우리 자신을 패자로 간주하기 때문이다. 그렇게 한다는 것은 힘의 연극에 자유로이 참여한다는 것을 의미한다.

우리가 도저히 거스를 수 없는 정부의 법령이나 자연 현상, 신의 명령은 분명히 존재한다. 그러나 그것들과 관련해 우리 자신을 패자로 간주하는 일은 거의 없다. 우리는 홍수나 유전병, 인플레이션에 패배하지는 않는다. 이러한 것들이 현실적인 것은 맞지만, 우리는 현실을 상대로 플레이를 하는 것이 아니라 현실에 따라서 플레이를 한다. 우리는 날씨나 유전의 영향을 제거하지 않고 플레이의 맥락을 구성하는 현실로, 우리가 그 안에서 플레이를 해야 하는 한계로 받아들인다.

만일 내가 죽음을 불가피한 것으로 받아들인다면, 나는 결국엔 죽게 돼 있는 인간의 운명에 맞서 싸우는 것이 아니다. 결국엔 죽게 돼 있는 인간으로서 싸우는 것이다.

유한 게임의 모든 제한은 자기 제한이다.

29 •

힘은 유한 게임만의 특징이며, 극적이지 않고 연극적이다. 그렇다면 무한 게임 플레이어들은 어떻게 힘과 경쟁하는가? 무한 게임은 항상 극적이다. 그 결말이 무한히 열려 있고, 이전 플레이의 힘 내지 약함을 확실히 평가하기 위해 돌이켜 볼 방법이 없다. 무한 게임 플레이어들은 과거가 영원한 의미를 획득할 승리를 고대하는 것이 아니라 시합이 계속되기를 고대하므로, 과거는 끊임없는 재해석을 요구한다. 무한 게임 플레이어들은 다른 사람들의 행동에 대항하지 않고, 다른 사람들이 그들 자신의 행동을 개시하는 방식을 취하도록 자신의 행동을 개시한다.

우리에겐 유한 게임에서 의미하는 '힘'과 대조되는 용어가 필요하다. 유한 게임 플레이어가 강력해지기 위해to be powerful 플레이를 한다면, 무한 게임 플레이어는 강인함으로with strength 플레이를 한다고 하자.

강력한 사람은 미해결된 문제를 모두 해결하면서 과거를 끝맺는다. 강인한 사람은 문제들 가운데 그 어떤 문제도 해결할 수 없음을 보여 주면서 과거를 미래로 가져간다. 힘은 이미 일어난 일과 관련되고, 강인함은 앞으로 일어날 일과 관련된다. 힘은 양적으로 유한하지만, 강인함은 측정될 수 없다. 강인함은 열려 있는 행위, 닫혀 있지 않은 행위이기 때문이다. 힘은 한계 내에서 갖는 자유를 말하며, 강인함은 한계와 더불어 갖는 자유를 말한다.

힘은 언제나 상대적으로 소수인 선택된 사람들에 한정되지만, 강인해지는 일은 누구나 가능하다.

강인함은 역설적이다. 나는 다른 사람들에게 그들과 플레이한 결과로서 내가 원하는 바를 강요할 수 있기 때문이 아닌, 그들과의 플레이 과정에서 그들이 원하는 바를 가능케 할 수 있기 때문에 강인하다.

30 •

원한다면 누구나 무한 게임 플레이어가 될 수 있고 또 누구나 강인해질 수 있다고 해서, 힘이 무한 게임에 돌이키지 못할 해를 끼칠 수 있음을 간과해서는 안 된다. 무한 게임은 악을 막거나 제거하지 못한다. 무한 게임 플레이어들이 강인하긴 할지라도 강력하진 않으며, 또 강력해지려고 하지도 않는다.

악은 무한 게임의 종료다. 아무도 귀 기울이지 않는 침묵unheard silence으로 무한 게임을 끝내는 것이다.

아무도 귀 기울이지 않는 침묵이 꼭 플레이어의 죽음을 의미하는 것은 아니다. 그 침묵은 플레이어의 목소리의 상실이 아니라 그 소리를 들어 주는 사람, 즉 청자의 상실이다. 다른 사람들의 귀먹음, 무지함으로 인해 어느 삶의 드라마가 그들 안에서 계속되지 못할 때, 바로 그것이 악이다.

죽은 사람들, 그리고 심한 억압을 받는 사람들에게서도 들을 수 있는 침묵이 있다. 망각된 듯 보이는 과거로부터 많은 것을 되찾을 수 있다. 민감하고 충실한 역사가들은 사라진 것에서 많은 것을, 그렇기에 계속될 수 있는 많은 것을 배울 수 있다.

그러나 결코 듣지 못할, 결코 들을 수 없는 침묵들이 있다. 속죄의 여지가 없는 수많은 악이 존재하는 것이다. 유럽인들이 처음 북아메리카 대륙에 상륙했을 때, 토착민들은 만 가지도 더 되는 언어로 말을 했으며 그 각각의 언어에는 자체의 언어로 된 시 그리고 역사와 신화의 보고가 있었고, 자연 환경의 자발성과 조화를 이루며 살아가는 그 나름의 방식들이 있었다. 그 말들 가운데 극소수를 제외하고는 모든 말들이 침묵에 잠겼으며, 무지한 채 그들의 자리에 서 있는 우리와 같은 이들에게서 영원히 사라져 버렸다.

악은 어느 유한 게임의 종료가 아니다. 유한 게임 플레이어들, 그들 자신의 목숨을 놓고 플레이를 하는 이들조차도 그들이 하기로 자유롭게 선택한 게임에 무엇이 걸려 있는지를 안다.

악은 다른 사람의 게임을 공표되고 인정된 규칙에 따라 제거하려는 것이 아니라, 규칙에 상관없이 제거하려는 것이다. 악은 힘의 획득이 아닌 힘의 표출이며, 타이틀의 인정을 강제하는 것이다. 그리고 이에 악의 모순이 있다. 인정이란 강제될 수 없기 때문이다. 나치는 타이틀을 놓고 유대인들과 겨룬 것이 아니라, 경쟁 없이 타이틀의 인정을 요구했다. 그러나 그 인정은 오직 유대인들을 침묵케 함으로써, 다시 말해 그들의 말을 전혀 듣지 않음으로써 획득할 수 있었다. 유대인들은 침묵 속에서 죽었다. 그들의 문화와 함께 누구의 주목도, 죽음의 시설과 도구를 관리한 이들의 주목조차도 받지 못한 채 말이다.

31 •

악은 결코 악으로 의도되지 않는다. 사실 모든 악에 내재한 모순은, 악이 악을 제거하려는 욕망에서 생겨난다는 것이다. "착한 인디언은 오직 죽은 인디언뿐이다."

역사는 정리될 수 있고, 합리적 결론을 내릴 수 있다는 숭고

한 믿음에서 악이 생긴다. 마치 과거가 우리를 특정한 결말로 이끈다는 듯 행동하는 것이 악이다. 과거는 우리가 명백히 고려하고 있는 문제와 관련될 때에만 의미가 있다고 가정하는 것이 악이다. 한 국가가 스스로를 "지구의 최후이자 최고의 희망"이라고 믿는 것이 악이다. 시온으로 돌아가면, 계급 없는 사회가 도래하면, 혹은 살아 있는 모든 이교도들을 이슬람교도로 개종시키면 역사는 끝나리라고 여기는 것이 악이다.

당신의 역사는 나의 것이 아니다. 우리는 공통의 역사 속에서 함께 살아간다.

무한 게임 플레이어들은 불가피한 악의 가능성을 이해한다. 그러므로 다른 사람들 안에 있는 악을 제거하려고 하지 않는다. 그렇게 하는 것 자체가 바로 악의 충동이고, 모순이기 때문이다. 무한 게임 플레이어들은 그저 역설적으로 자신 안에 있는 악을, 다른 곳에서 악을 제거하려는 시도의 형태를 띤 악을 인정하고자 할 뿐이다.

악은 하나의 무한 게임 안에 유한 게임들을 포함하는 것이 아니라, 여러 유한 게임에 대해 플레이 자체를 제한하는 것이다.

2장

누구도 혼자서 게임을 할 수는 없다

No One Can Play a Game Alone

32 •

누구도 혼자서 게임을 할 수는 없다. 인간은 다른 사람 없이 혼자 인간일 수 없고, 공동체가 없는 곳엔 개인 또한 없다. 우리는 우리 자신으로서 다른 사람들과 관계를 맺는 것이 아니다. 우리는 다른 사람들과의 관계 속에서 우리 자신이다.

동시에 우리와 관계를 맺는 다른 사람들 역시 관계 속에서 그들 자신이다. 우리는 우리와 관계를 맺지 않는 그 누구와도 관계를 맺을 수 없다. 따라서 우리의 사회적 존재는 어쩔 수 없이 유동적 성격을 띤다. 이는 우리가 유동적인 맥락 속에서 살아간다는 말이 아니라, 우리의 삶 자체가 유동적이라는 이야기다. 선zen의 이미지를 빌리자면, 강바닥의 돌들인 우리 위로 세계라는 강물이 흐르는 것이 아니다. 우리가 바로 그 물결이다. 곧 살펴보겠지만 이 끊임없는 변화는 불연속을 의미하지 않는다. 오히려 변화는 인간으로서 우리가 지닌 연속성의 토대, 바로 그 자체다. 변할 수 있는 것만이 계속될 수 있다. 이것이 무한게임 플레이어들의 삶의 원칙이다.

우리의 사회적, 개인적 존재의 유동성은 우리의 본질적인 자유, "플레이를 강제로 해야만 하는 사람은 플레이를 할 수 없다"는 원리가 가리키는 자유의 함수다. 물론 이미 살펴보았듯 유한 게임들은 유동적인 한계를 가질 수 없다. 그러면 누가 승자인지 합의하는 일이 불가능할 것이기 때문이다. 하지만 유한 게임들은, 각 플레이어가 플레이에 참여하고 플레이를 계속하면서 내리는 속박되지 않는 선택 속에서 부유한다. 따라서 유한 게임에는 때로 고정된 사회적 평가 기준이 있는 것처럼 보인다. 이를테면 자국을 사랑하는 참된 방식과 그릇된 방식뿐만 아니라, 그렇게 하라는 적극적인 요구 또한 존재하는 것이다.

유한 게임의 진지함과 양립할 수 없는 것이 이러한 우리 인간성의 본질적인 유동성이다. 따라서 이 유동성은 우리에게 피할 수 없는 도전을 제시한다. 즉 진정으로 가벼운 것 안에 어떻게 진지한 것을 담을 것인가, 다시 말해 우리의 모든 유한 게임을 어떻게 무한 게임 안에 둘 것인가 하는 문제 말이다.

이 도전은 보통, 유한 게임 내에서 놀이하듯 가벼운 상태 playfulness의 여지를 찾아야 할 필요로 잘못 이해된다. 이는 14절에서 놀이 혹은 장난, 즉 어떤 결과도 따르지 않는 플레이에 대해 언급했던 것이다. 여흥이나 오락, 기분 전환이나 숨 돌리기, 레크리에이션이나 휴식처럼 말의 일상적 의미에 포함된 그런 가벼움이다. 그러나 진지함은 필연적으로 이러한 유의 플레이에 다시 기어들 것이다. 풋볼 팀의 중간 휴식과 같이 사장의 휴

가는, 더 수준 높은 경쟁을 목표로 하는 이의 원기를 북돋우기 위한 장치가 되고, 아이들의 열려 있는 가벼움조차도 조직화된 체육, 예술, 교육적인 프로그램을 통해, 진지한 어른의 경쟁을 위해 어린이들을 준비시키는 수단으로 이용된다.

33 •

비스마르크가 정치를 가능성의 예술이라 칭했을 때 그가 의미했던 것은, 가능성이 고정된 제한 내에서, 사회적 현실 속 어딘가에서 발견된다는 의미였다. 그는 가능성이 이들의 제한 그 자체로까지 확장됨을 의미한 것이 아니다. 따라서 그러한 정치는 진지함 그 자체다. 특히 어떤 이념을 가진 정치인이라면 대부분, 가능성의 영역 확장이라는 목표로 나아가는 데 꼭 필요한 일, 심지어는 불쾌한 일마저 감행하는 자유의 챔피언을 자처하기 때문이다. "우리는 전쟁과 독립이라는 예술을 배워야만 한다. 우리 아이들이 건축과 공학을 배울 수 있도록 말이다. 그러면 그들의 아이들은 순수 예술과 회화를 배울 수도 있을 것이다"(존 퀸시 애덤스).

무한 게임 플레이어들의 관심은 그러한 정치와는 공통점이 거의 없다. 무한 게임 플레이어들은 주어진 현실 내에서 얼마만큼 자유로울 수 있는가를 알아내는 데는 관심이 없다. 이는 놀이와 같은 사소한 의미의 자유이기에, 우리가 우리의 유한 게임에 이러한 특정 경계들을 얼마만큼 자유로이 두기로 결정했는지를 보여 주는 데 관심이 있기 때문이다. 그들은 정치적 현실이 우리 인간성의 본질적 유동성에 선행하는 것이 아니라, 그로부터 유래한다는 사실을 우리에게 상기시킨다.

이는 무한 게임 플레이어들이 정치적으로 초연하다는 말이 아니라 그들이 정치적 견해를 가지고 있지 않으면서 정치적이라는 말이다. 이는 오해하기 쉬운 역설적인 입장이다. 정치적 견해를 가진다는 것은 원하는 목적에 도달하기 위한 일련의 규칙을 가진다는 뜻이다. 그리고 여기서 말하는 정치적이라는 것은 모든 사회적 목적을 제거하려는 시도로, 다시 말해 인간관계의 본질적인 유동성을 유지하려는 시도로 규칙을 재조명하는 것이다.

무한 게임의 방식으로 정치적인 것은, 많은 인간들의 삶을 짓누르는 끔찍한 상황을, 많은 정치가 제거하리라 공언하는 그런 끔찍한 상황을 무시하는 것이 결코 아니다. 우리는 무한 게임 플레이어들이 "인간은 자유롭게 태어났으나, 어디서나 사슬에 묶여 있다"는 루소의 유명한 선언에 사려 깊게 고개를 끄덕이는 모습을 상상할 수 있다. 자유의 꿈이 보편적이라는 것, 그것을 얻기 위해 전쟁을 하고, 그것을 지키기 위해 영웅들이 죽고, 그것의 획득을 기념하기 위해 노래가 지어진다는 것을 무한 게임 플레이어들도 안다. 그러나 무한 게임 플레이어들이 보기에 정치적 문제들은 의도성과 고의성의 요소, 즉 긴급한 공공의 위기로 너무나 쉽게 가려지는 요소가 몹시 확연하다. 따라서 전쟁과 영웅주의마저도 자기모순으로 가득 차 보인다. 어떤 국가도 분쟁 조건에 동의할 수 있는 상대를 발견하기 전까지는 전쟁을 일으킬 수 없다. 그러므로 한쪽이 다른 한쪽과 공모하고 있는 것이다. 내게 적이 있으려면 먼저 나를 적으로 인정하도록 다른 사람을 설득해야만 한다. 먼저 내 생명을 위협할, 아니 내 생명을 앗아 갈 누군가를 찾아내지 않는 한 나는 영웅이 될 수 없다. 일단 진행이 되면 전쟁과 영웅 행위들은 전부 필연성의 외관을 띠지만, 그것은 흔히 적대자들이 서로 그들의 분쟁을 조장하는 복잡한 책략을 가리는 가면에 불과하다.

따라서 무한 게임 플레이어들에게 정치는 일종의 연극이다. 마지막 장면을 알고 있는 연기자들이 대본에 따라 관객 앞에서 역할을 연기하는 것이다. 이를테면 미국은 동남아시아에서 전쟁에 진 것이라기보다는 전쟁의 관객을 잃은 것이라 볼 수 있다. 군인들의 그 환멸과 쓰라림은 대개 예상했던 마지막 장면이, 영웅이 귀향해 행진을 하거나 의식에 따라 매장되는, 많은 이들을 전투로 끌어들인 그 장면이 결여된 데서 기인한다.

정치적 문제에서 무한 게임 플레이어들이 어느 한쪽 편을 들지 않는 것은(적어도 진지하게는), 정치의 본질적인 연극성 때문이다. 그들은 영웅적인 마지막 장면 대신 연속성과 열린 결말의 비전을 제시하고자 하면서 사회적 갈등에 극적으로 관여한다. 동시에 그들은 최소한 다른 정치 참여자들이 강제로 해야만 한다고 느끼는 일이 아닌, 자신들 스스로가 그 일을 해야만 한다고 느끼는 이유에 관심을 갖도록 이끌어야 한다.

정치에 참여할 때 무한 게임 플레이어들은 사회와 문화를 구별한다. 그들이 이해하는 사회란 어느 형태의 공적인 구속하에 있는 관계들의 총합이고, 문화는 무엇이 됐든 지시받지 않는 선택에 의해 우리가 함께 행하는 모든 것이다. 만일 사회가 강제로 해야만 한다고 느껴지는 모든 것이라면, 문화는 "가변적이고, 자유롭고, 반드시 보편적이지는 않은 것들, 강제적 권위에 대해 권리를 주장할 수 없는 모든 것들의 영역이다"(부르크하르트).

무한 게임 플레이어가 이해하는 사회를, 자연적 본능이나 다른 형태의 어느 비자발적 활동과 혼동해서는 안 된다. 유한 게임에서는 아무리 힘들고 값비싼 대가를 치르게 할지라도 플레이어가 경기장을 떠나는 것을 막지 못하는데, 정확히 이러한 방식으로 사회 또한 전적으로 우리의 자유로운 선택 안에 있다. 사회 역시 필요하다고 여겨지는 행동의 영역에만 해당되는 것이다.

무한 게임이 유한 게임 안에 포함될 수 없듯, 문화를 사회의 한계 내에 가둔다면 그것은 진정한 문화일 수 없다. 물론 한 문화를 일으키고 전적으로 포용하는 것은 사회가 흔히 쓰는 책략이다. 지나치게 한정된 문화는 사회의 과도한 지원과 격려를 받을 수도 있는데, 결말이 열려 있는 활동처럼 보이지만 실제로는 소련의 사회주의 리얼리즘 예술처럼 모든 경우 사회의 관심사에 이바지하도록 기획된다.

따라서 사회와 문화는 서로에게 있어 진정한 적수가 아니다. 오히려 사회는 그 자체를 끈질기게 부정하는 문화의 일종으로, 그 조직자들과 조직의 자유를 감추려는 자유로이 조직화된 시도이자, 우리가 이런저런 경쟁에 참여하고 그 경쟁을 계속하기로 한 결정을 고의로 망각했다는 사실을 망각하려는 시도다.

34 •

만일 사회를 필연성이라는 탈을 쓴 사람들이 하는 모든 것이라 여긴다면, 사회를 하나의 유한 게임으로, 그 경계 내에 더욱 작은 게임들이 무수히 포함된 하나의 유한 게임으로 생각해야만 한다.

광범위한 사회는 매우 다양한 게임들로 이루어질 것이다. 그리고 그 게임들은 최종적인 사회적 순위와 관련이 있는 한 어떤 형태로든 전부 연결되어 있을 것이다. 학교는 학위를 딴 이들에게 순위를 매긴 상을 수여하는 만큼 유한 게임의 일종이라 할 수 있다. 그리고 그 상은 졸업생들에게 한층 더 높은 게임에서 경쟁할 자격을 준다. 이를테면 일류 대학, 그다음으로는 더 상위의 전문학교, 또 그다음으로는 직업적으로 점차 더 높은 게임에 참여할 수 있는 자격을 주는 식으로 말이다. 가족 또한 더욱 광범위한 유한 게임 내의 경쟁 단위로 여겨지는 경우가 적지 않다. 그러한 가족은, 사회적으로 가시적인 타이틀을 획득하기 위한 투쟁에 대비해 가족 구성원을 훈련시킨다.

유한 게임과 마찬가지로 사회는 수적으로, 공간적으로, 그리고 시간적으로 제한된다. 그 시민권은 명확하게 규정되며, 그 경계는 불가침이고, 그 과거는 정식으로 기록돼 소중히 간직된다.

한 사회 속 시민들의 힘은, 그들이 지금까지 해 온 게임의 순위에 따라 결정된다. 사회는 과거의 승자들에 대한 기억을 보존하고, 사회의 기록 보관 기능은 사회 질서에 있어 결정적이다. 대규모의 관료들은 그 사회 시민의 수많은 자격을 검증할 필요성으로 인해 생겨난다.

한 사회의 힘은 한층 더 광범위한 유한 게임에서 다른 사회들을 상대로 거둔 승리에 의해 결정된다. 사회가 가장 소중히 여기는 기억은, 다른 사회들을 상대로 승리한 전투에서 전사한 영웅들에 대한 기억이다. 패배한 전쟁의 영웅들은 대개 기념되지 않는다. 따라서 포슈, 링컨, 레닌은 기념비가 있으나, 페탱, 제퍼슨, 트로츠키는 없다.

한 사회 내에서 힘은, 사회가 가진 힘에 의해 보증되고 강화된다.

그 사회 시민들이 획득한 상들은 전체로서 사회가 다른 사회와의 관계에서 강력할 경우에만 보호받는다. 자신의 상이 영원하기를 바라는 이들은 전체의 영속성을 유지하기 위해 노력하게 된다. 쇼비니즘, 인종차별주의, 성차별주의, 민족주의, 지역주의와 같은 다양한 형태의 애국주의는, 모든 사회적 플레이의 중요한 요소다.

힘은 본질적으로 애국적이기에, 사회 내에서 한 사회의 힘을 증대하는 방식으로 힘의 성장을 추구하는 것이 유한 게임 플레이어들의 특징이다. 그러므로 그 사회 내에서 경쟁을 장려하는 것, 가능한 한 많은 상을 제정하는 것이 사회에 이익이다. 상을 보유한 자들은 그 경쟁자들에 대항해 전체로서 사회를 지킬 가능성이 가장 큰 이들일 테니 말이다.

35 ·

한편, 문화는 무한 게임이다. 문화는 경계가 없고, 누구든 어느 때나 어디서나 문화의 참여자가 될 수 있다.

사회는 시간적 한계를 철저히 유지하기 때문에 그 사회의 과거를 운명으로 이해한다. 즉 역사의 과정은 명확한 시작(한 사회의 설립자들은 항상 특별히 기념된다)과 명확한 끝 사이에 놓인다. (그 승리의 본질은 공식 선언에서 반복적으로 예견된다. 이를테면 "각자의 필요에 따라, 각자의 능력에 따라".)

엄밀한 의미에서 문화는 시간적 제한이 없기 때문에 과거를 운명이 아닌 역사로 이해한다. 이미 시작된, 그러나 늘 끝없이 열려 있는 방향을 가리키는 하나의 이야기로 말이다. 문화는 결국은 죽게 돼 있는 인간의 사업, 놀라움으로부터 자신을 보호하려 드는 것은 무가치하다고 여기는 인간의 사업이다. 그들은 강력한 비전 속에 살면서 힘을 멀리하고, 경계의 플레이를 즐긴다.

사회는 힘의 표현으로, 연극적이기에 확립된 대본이 있다. 대본에서 벗어나는 것은 바로 눈에 띈다. 일탈은 반사회적이므로 사회에 의해 다양한 제재를 받고 금지된다. 어째서 일탈이 저항을 받는지는 쉽게 알 수 있다. 만일 사람들이 널리 적용되는 사회 규칙을 지키지 않는다면 많은 규칙들이 바뀔 것이며, 어떤 규칙들은 아예 폐기될 것이다. 이는 과거의 승자들이 더 이상 그들이 가진 타이틀의 공식적인 인정을 정당화하지 못한다는 것, 즉 힘이 사라짐을 의미할 것이다. 혁명 이후의 러시아 왕손들처럼 말이다.

사회가 포용하는 수많은 게임의 규칙이 바뀌지 않도록 하는 것은 사회가 지닌 굉장히 중요한 기능이다. 학위의 인가, 거래나 직업의 허가, 서품식, 공무원 임용의 의회 인준, 그리고 정치 지도자의 취임식과 같은 절차는, 사람들에게 그 사회 속 유한 게임에서 경쟁할 수 있도록 해 주는 더욱 광범위한 사회의 행위다.

그러나 일탈이 곧 문화의 본질이다. 그저 대본에 따르기만 하는 이들, 과거를 반복하기만 하는 이들은 문화적으로 빈곤해진다.

일탈은 그 질이 다양하며, 과거의 모든 일탈이 문화적으로 중요한 것은 아니다. 과거를 망각케 함으로써, 과거와 단절하려는 방식으로 과거와 다른 행위를 하는 것에는 문화적 중요성이 거의 없다. 전통을 새로운 시각으로 보게 해 주는 변화야말로 문화적으로 더 큰 의의가 있다. 그러한 일탈은 친숙한 것이 낯설게 보이도록 하면서 우리가 해 왔던 모든 것에 대해, 즉 지금 우리가 하는 모든 것에 대해 새로운 평가를 요구한다.

문화적 일탈은 우리를 과거로 되돌리는 것이 아니라 과거에 시작된, 아직 끝나지 않은 일을 계속하는 것이다. 한편 사회적 관습은, 완결된 과거가 미래에 반복되기를 요구한다. 사회는 불멸의 필연성에 따르는 진지함을 모두 지니고 있고, 문화는 예상치 못한 가능성의 웃음으로 가득 차 있다. 사회는 추상적이고, 문화는 구체적이다.

유한 게임들은 다시 플레이될 수 있다. 무한히 플레이될 수 있다. 어느 게임의 승자는 언제나 특정한 시점에 플레이된 그 게임의 승자이지만, 그 타이틀의 유효성은 게임의 반복 가능성에 의존한다. 우리는 초창기의 위대한 풋볼 선수들을 기념하곤 하는데, 만일 풋볼이 등장한 지 10년 만에 사라졌더라면 그렇게 하지 않을 것이다.

무한 게임은 앞서 살펴보았듯 결말이 날 수 없기 때문에 반복될 수 없다. 반복 불가능성은 모든 문화의 특징이다. 모차르트의 주피터 교향곡은 다시 작곡될 수 없으며, 렘브란트의 자화상 또한 다시 그려질 수 없다. 사회는 이러한 작품들을 그들 각자의 게임에서 승리한 사람들의 상으로서 보존한다. 그러나 문화는 그 작품들을 투쟁의 결과가 아닌 계속 진행 중인 투쟁, 즉 문화라는 투쟁의 순간들로 간주한다. 문화는 모차르트와 렘브란트가 그들의 작품을 통해 이어 온 것을 이어 간다. 그들이 물려받은 전통에서 벗어난 독창적인 작품, 다른 사람들로 하여금 그것을 복제하도록 하는 것이 아니라 다른 사람들의 독창성 또한 자극하는 그런 독창적인 작품을 통해 이어 온 것을 이어 간다.

무한 게임이 규칙을 가지듯, 문화는 전통을 가진다. 무한 게임에서 플레이의 규칙은 자유로이 합의되고 자유로이 바뀌기에, 문화적 전통은 채택되기도 하고 변형되어 채택되기도 한다.

정확히 말하자면 문화는 전통을 가지는 것이 아니다. 문화가 곧 전통이다.

36 •

사회가 언제나 문화의 일종임을 망각했다는 사실을 망각하는 것은 사회의 정체성에 필수적이다. 사회의 시민들은 그들 자신의 경계들이 그들에게 부과된 것이지, 그들이 자유로이 선택한 것이 아니라는 사실을 스스로에게 납득시킬 방법을 찾아야만 한다. 이를테면 미국인이 되기로 선택하는 것과 미국이 되기로 선택하는 것은 별개의 것이다. 사회적 사고로서 전자는 쉬이 허용하지만, 후자는 절대 허용하지 않는다.

시민들이 이용할 수 있는 가장 효과적인 자기 설득 수단 중 하나는 재산의 수여다. 한 사회의 재산을 누가 실제로 소유하는가, 그리고 어떻게 분배되는가는 좌우간 재산이 존재한다는 사실보다 훨씬 덜 중요하다. 재산의 특이한 역학을 이해하기 위해서는 유한 게임의 특징 중 하나를 다시 한번 살펴봐야 한다.

유한 게임의 승자가 게임에 이겨 얻는 것이 타이틀이다. 타이틀은 어떤 사람이 특정 게임에서 승자가 되었다는 사실을 다른 사람들이 인정하는 것이다. 나는 나 자신에게 타이틀을 수여할 수 없다. 타이틀은 연극적이어서, 그것을 수여하고 존중할 관객을 필요로 한다. 타이틀에는 힘이 붙는다. 타이틀을 인정하는 사람들이, 그 타이틀을 획득하게 한 경쟁이 다시 일어날 수 없다는 사실을 받아들이기 때문이다. 타이틀의 소유는 그 특정 게임에서의 경쟁이 영원히 끝났다는 합의를 의미한다.

따라서 가시적이어야 한다는 것, 그리고 그 가시성으로 그것을 획득하게 한 경쟁을 다시 가리키는 것이 모든 타이틀의 유효성에 필수적이다. 재산의 목적은 우리의 타이틀을 볼 수 있도록 만드는 것이다. 재산은 상징적이며, 우리의 승리에 도전할 수 없는 분야를 다른 사람들에게 상기시킨다.

재산은 도난당할 수도 있지만, 그렇다고 도둑이 그것을 소유하는 것은 아니다. 소유권은 도난당할 수 없다. 타이틀은 영원하며, 소유권 역시 그러하다. 국가들은 때로 여러 세기를 거슬러 올라가는 영토 소유권을 주장하며 전쟁을 일으킨다. 타이틀은 상속될 수 있으며, 그럴 경우 상속자에게 적절한 재산 양도가 이루어진다. 물론 상속자는 원래의 타이틀을 확보하게 된 바로 그 가치를 지니고 있어야 한다. (상속은 흔히 상속인의 무자격이나 부도덕성을 입증함으로써 법적인 어려움을 겪을 수 있다.)

그러나 도둑은 타이틀을 훔치려는 것이 아니다. 도둑은 다른 누군가에게 속한 것을 빼앗고자 하지 않는다. 도둑은 내가 타이틀을 가지고 있는 논문이 아닌, 그 논문에 대한 타이틀을 가지기 위해 나와 경쟁한다. 도둑은 그 타이틀을 차지하려고 하는 것이다. 내가 타이틀을 주장하는 그것이 누구의 것도 아니며, 가져가라고 있는 것이라 믿으면서 말이다. 찰스 디킨스의 소설 《올리버 트위스트》에 나오는 꼬마 소매치기 아트풀 다저는 올리버에게 이렇게 말한다. "네가 손수건과 시계를 가져오지 않으면 딴 놈이 가져갈 거야. 그럼 그걸 잃어버린 놈도 좋을 게 없고, 너도 좋을 게 없어. 그걸 가져간 놈들만 빼고. 그 물건에 대해 너에게도 그놈들만큼이나 권리가 있어."

37 •

사회가 필요한 한 가지 이유는, 사회가 타이틀을 재산에 귀속시키고 그 정당성을 입증해 주는 역할을 하기 때문이다. "그러므로 인간들이 모여 국가를 이루고 정부의 지배를 받는 가장 크고 주된 이유는, 그들의 재산을 보호하기 위해서다. 자연 상태에서는 부족한 것이 많기 때문이다"(로크).

사회가 정확히 어떠한 방법으로 시민의 재산을 보존하는가 하는 질문에는, "물리력을 사용함으로써"라는 답변이 돌아올 것이다. 이 답변은 딜레마를 끌어들인다. 도둑을 강제로 제지하는 방법들이 있기는 하지만, 아무리 많은 물리력을 동원해도 아트풀 다저로 하여금 신사의 주머니 속 손수건은 그 신사에게 소유권이 있다는 사실을 진정으로 받아들이게 만들 수는 없다. 그 어린 악당은 그 소유권을 기꺼이 존중하도록 설득되기 전까지는 계속 도둑으로 남을 것이다. 나아가 이러한 생각은 전체로서 사회에도 적용된다. 재산 소유권이 실제 승자들의 손에 있다는 것에 모든 상대들이 자유롭게 합의하지 못하는 사회에는, 효과적인 권리 부여 패턴이 없다.

그 어떤 물리력도 이러한 합의를 성립시키지 못할 것이다. 역으로, 물리력을 확립시키는 것이 합의다. 사회의 제약에 동의하는 사람들만이 그것을 제약으로, 다시 말해 반대해야 할 조치가 아닌 행동의 지침으로 본다.

한 사회에 현존하는 권리 부여 패턴에 도전하는 사람들은, 지정된 집행관들이 강력하다고 간주하지 않는다. 그들은 집행관들을, 결과에 따라 누가 강력한지를 결정짓는 싸움의 상대로 여긴다. 힘으로 이기는 것이 아니라 이겨서 강력해지는 것이다.

사람들은 법이 강력하기 때문에 자유로운 자기 은폐에 의해서만 법을 준수한다고 믿을지 모른다. 그러나 실제로는 사람들이 단지 법을 지키기 때문에 법이 사람들에게 있어 강력한 힘을 가지는 것이다. 우리는 신호가 바뀌기 때문에 교차로에서 멈추는 것이 아니다. 그저 신호가 바뀔 때 멈추는 것뿐이다.

이것이 의미하는 바는 재산 소유자들에게 특이한 부담이 떨어진다는 것이다. 그들의 재산권을 보호하는 법은 다른 사람들이 그 법을 지키도록 설득할 수 있을 때에만 효과가 있으므로, 그들은 그들의 소유권에 연극성을 도입해야 한다. 그들의 상대편이 그 대본대로 살아갈 만큼 충분히 매력적인 연극성을 말이다.

38 •

재산의 연극성은 사실 정교한 구조를 가지고 있으므로, 재산 소유자들은 그것을 떠받치기 위해 상당한 노력을 기울여야만 한다. 만일 재산이 설득력 있게 상징적이려면, 다시 말해 과거 승리에서 획득한 소유자의 타이틀을 주목하게 하려면, 그 소유자는 다음과 같은 이중 부담을 떠안아야 한다.

첫째, 그들은 재산의 양이, 그에 대한 타이틀을 획득했을 때 겪은 어려움에 상응함을 보여 줘야 한다. 재산은 보상으로 보여야만 한다.

둘째, 그들은 재산의 유형이, 그에 대한 타이틀을 획득한 경쟁의 성격에 부합함을 보여 줘야 한다. 재산은 소비되는 것으로 보여야만 한다.

39 ·

재산은 소유자가 얻은 것이, 그것을 얻기 위한 노력 이상이 아님을 증명할 수 있는 경우에만 적절한 보상이 된다. 소유자가 바친 것과 그가 가진 타이틀로써 다른 사람들에게서 받은 것 사이에 등가성이 있어야만 하는 것이다.

부를 획득하기 위해 감수한 위험이나 부를 취득하는 데 바친 재능이 부와 상응함을 증명할 수 없는 사람은, 누구든 곧 그 자격에 대한 도전에 직면할 것이다. 부자들은 어김없이 절도, 과세, 가진 부를 나누어야 한다는 기대에 노출된다. 마치 그들이 가진 것이 적정한 보상이 아니라는 듯, 따라서 전적으로 그들의 것이 아니라는 듯 말이다.

한 타이틀을 얻기 위한 투쟁에서, 자신이 바친 것에 대해 온전한 보상을 받는다는 것은 경쟁 이전의 상태를 회복한다는 뜻이다.

재산은 과거를 되찾으려는 시도다. 경쟁 이전의 상태로 되돌려 경쟁에 들인 잃어버린 시간을 보상받는 것이다.

이처럼 과거를 회복하려는 시도는 연극적인 시도로, 관객의 눈에 띄는 만큼만 성공할 수 있다. 재산은 공간을 차지해야 하고, 눈에 보이는 어딘가에 있어야만 한다. 다른 사람들이 우연히 발견하고 알아차릴 형태로 존재해야 한다. 재산은 다른 사람을 침범하고 방해하면서, 그것을 두고 다투도록 만들어야 한다. 재산을 가진 사람들은 일반적으로 넓은 사유지와 사회를 통과하는 이동의 자유를 가진다. 동시에 부유한 이들의 재산은 재산을 덜 가진 이들을 붐비게 만들고, 제한하는 효과를 가진다. 아주 가난한 사람들은 일반적으로 협소한 지리적 한계에 제한되며, 경계 외부의 이방인들처럼 간주된다.

여기서 재산 소유자들에게 중요한 것은, 재산 그 자체의 양이 아니라 그것을 적절한 상징으로 봐 줄, 다시 말해 재산을 취득하는 데 들인 노력과 수완에 대한 보상으로 봐 줄 관객을 끌어들이는 재산의 힘이다.

40 •

재산 소유자들에게 부과되는 연극적인 요건 둘째는, 소유한 것을 획득하느라 잃어버린 것에 주의를 끌고 난 다음은 그 상실을 회복하는 방식으로 얻은 것을 소비해야 한다는 것이다. 이에 대한 직관적인 원칙은, 사용할 필요가 없거나 사용할 계획이 없는 것을 소유하는 일은 정당화될 수 없다는 것이다. 우리는 영영 쓰지 않고 쌓아만 두기 위해 돈을 벌지는 않는다.

소비는 의도적 활동으로 이해해야 한다. 우리는 그저 없애기 위해서가 아니라, 어떠한 방식으로 써 버리기 위해 재산을 소비한다. 그렇지 않다면 번 돈을 태워 버리는 것으로도 충분할 것이다.

소비는 그 타이틀을 획득한 참여 형태와는 정반대되는 활동의 일종이다. 그것은 소유자의 소유권이 더 이상 문제가 되지 않는다는 사실을 모든 목격자들에게 납득시킬 수 있는 활동이어야 한다.

우리는 강력한 사람들일수록 활동을 덜 하리라 기대한다. 그들의 힘은 그들이 이미 행한 일에서만 나올 수 있기 때문이다. 큰 타이틀이 걸린 운동 경기가 끝나고 나면, 대개 관객이 우승자들을 어깨에 들어 올리고 행진을 한다. 그들이 방금 보여 준 신체적 기술, 에너지와 정반대되게 마치 아무 힘도 없다는 듯이 말이다. 왕과 신들은 흔히 의례적인 운송 수단에 실려 다니고, 매우 부유한 사람들은 마차와 리무진을 타고 다닌다.

소비는 돈벌이가 되는 노동과는 다른 활동으로서 그 자체를 여가, 심지어는 나태의 양식으로 나타낸다. 아무 일도 하지 않아도 되는 것으로 우리가 행한 일의 성공을 보여 준다. 따라서 소비를 하면 할수록 과거에 있었던 경쟁의 승자임을 더 많이 드러내게 된다. "노동을 명확히 삼가는 것은, 우수한 금전적 성취의 전통적인 표시이자 좋은 평판의 인습적인 지표가 된다. 반대로 생산적인 노동에 몰두하는 것은 가난과 굴종의 표시이므로, 공동체에서 존경받을 만한 신분과 상반되게 된다”(베블런).

보상이 공간을 차지함으로써 눈에 띄게 되듯, 소비는 지속되는 시간의 길이로 관심을 끈다. 재산은 다른 사람들을 침범해야 할 뿐 아니라 계속 그렇게 해야만 한다. 우리가 가진 재산의 양은 다른 이들의 눈에 잘 띄는 시간의 길이에 따라 측정되며, 우리의 공간적인 범위에 맞춰 다른 사람들이 이동의 자유를 조정할 것을 요구한다. 부자들의 공통된 목적은, 그들 재산의 급속한 탕진을 막는 유언을 집행함으로써 세대에 걸쳐 재산을 확장할 가시성의 방식을 구축하는 것이다. 이를테면 사회적으로 중요한 시설에 기부를 하거나, 그들의 이름으로 된 거대한 건물을 세움으로써 말이다. 작은 승리를 거둔 사람들, 순위가 낮은 사람들은 시간적 가치가 큰 재산이 없다. 그들이 가진 것은 금세 바닥날 것이다. 사회가 결코 잊지 않길 바라는 승리를 거둔 사람들에게는, 수도 중심부에 자리해 눈에 확 들어오는 영원한 기념물이 주어진다. 그러한 기념물들은 흔히 상당한 공간을 차지해 교통을 우회시키며, 편안하게 산책하는 사람들이 다니는 길에 서 있다.

부는 소유된다기보다는 연기된다는 것이, 무한 게임 플레이어들에게는 명백하다.

41 •

우리가 다 함께 결속해 국가를 형성하는 이유 중 하나가 재산을 보호하기 위함이라면, 그리고 재산을 보호해 주는 것이 힘 그 자체라기보다는 연극이라고 한다면, 사회는 예술가들에게 심히 의존하게 된다. 플라톤이 포이에타이poietai라고 불렀던 이야기꾼, 발명가, 조각가, 시인, 그리고 독창적인 사상가들과 같은 온갖 창작자들에게 말이다.

법 집행관이 꽉 붙들고 있는 한, 아트풀 다저의 손이 신사의 주머니 속으로 들어가는 일은 없을 것이다. 그러나 잠재적 범죄자 한 명 한 명에 법 집행관이 필요할 만큼 강력한 구속력을 지닌 극단적 정책은, 사회를 급속도로 혼란에 빠뜨리는 지름길이다.

일부 사회는 도둑을 포함한 모든 구성원에게 일정량의 재산을 보장하면 절도가 사라질 것이란 믿음을 퍼뜨리고, 이 믿음은 많은 사회 복지 법안을 추진시킨다. 그러나 아트풀 다저의 주머니 속에 동전 한 닢을 넣어 주는 것으로는, 그가 더 이상 내 주머니 속 동전에 대한 법적인 경쟁자가 아니라는 점을 그에게 납득시키지 못할 것이다.

사회를 위한 보다 효과적인 정책은, 부라는 극장의 관객이 되기 위해 재산 경쟁자로서의 역할을 포기하도록 도둑들을 설득하는 방법을 찾는 것이다. 이러한 이유에서 사회는 재산 관계, 사실상 각 사회의 모든 내부 구조를 연극화할 수 있는 포이에타이의 재주에 기댄다.

섬세한 사회 이론가라면 그러한 연극화가 굉장히 진지하게 받아들여져야 한다는 것을 안다. 그것이 없다면 그 어떤 문화도 존재하지 못하며, 문화가 없는 사회는 지나치게 단조롭고 활력이 없어 견딜 수 없을 것이다. 음악가, 그래픽 아티스트, 무대 디자이너들이 없었다면, 히틀러의 주임 건축가로 활약한 알베르트 슈페어와 나치 독일의 선전 영화를 만든 레니 리펜슈탈이 없었다면 나치즘은 어땠을까? 그렇게나 경직된, 권위주의적 껍데기와 같은 플라톤의 공화국조차도 "더 이상 필수적이지 않은 많은 것들로 가득 차기 시작한다. 이를테면 모양과 색깔, 음악에 관심을 지닌 모든 유의 사냥꾼들과 예술가들로. 그리고 시인들과 그들의 보조자들, 배우들, 합창단 무용수들, 건축가들, 그리고 모든 유의 도구(여기에는 여성을 아름답게 하는 데 필요한 것들도 포함된다) 제작자들로 말이다"(플라톤).

만일 부와 힘이 연기되는 것이라면, 거대한 부와 거대한 힘은 훌륭하게 연기되어야만 한다.

42 •

사회 사상가들은 포이에시스poiesis, 즉 창조적인 활동의 중요성을 간과하지 않는 동시에 그 위험성 역시 과소평가하지 않을 것이다. 포이에타이는 사회가 문화의 일종이라는 망각된 사실을 기억할 가능성이 가장 큰 사람들이기 때문이다.

사회는 일반적으로 포이에타이를 상당히 양가적으로 대한다. 소련의 통치 기관들은, 진정한 예술이 사회주의 리얼리즘의 기준에 반드시 부합해야 한다고는 생각지 않으면서도 진정한 예술과 사회주의 리얼리즘의 양립이 언제든 가능하다고 믿었다. 따라서 작품이 그 노선에 부합하지 않는 예술가들은 예술의 진실성에 영향을 미치지 않고도 처벌될 수 있었다. 플라톤은 예술가들이 그들의 예술을 양보할 것이라 기대하지는 않았지만, "포이에타이가 그들의 이야기 안에서 따라야만 하는 일반적인 선들이 존재해야 하고, 이 선들은 넘을 수 없다"고 말했다.

따라서 모든 사회의 가장 강렬하고도 중요한 투쟁은 다른 사회들과의 투쟁이 아니라 사회 내에 존재하는 문화, 즉 문화 그 자체와의 투쟁이다. 사실상 다른 사회와의 갈등은, 사회가 그 자체의 문화를 억누르는 효과적인 수단이다. 강력한 사회들은, 전쟁을 하기 위해 그 사회의 포이에타이를 침묵시키지 않는다. 포이에타이를 침묵시키는 방법으로서 전쟁을 한다. 독창적인 사상가들은 처형과 추방으로 억압하거나, 그 사회의 영웅들을 찬양하도록 보조금 혹은 아첨으로 격려할 수 있다. 알렉산더와 나폴레옹은 그들의 시인들과 학자들을 전쟁터로 데려갔는데, 그렇게 함으로써 그들은 억압이라는 불쾌한 방식을 쓰지 않고 그들 승리에 훨씬 더 많은 관객을 끌어들였다. 문화 그 자체에 대항하는 사회의 성공적인 방어책 또 하나는 예술가를 재산의 생산자로 간주함으로써, 예술의 소비와 소유의 가치를 높임으로써 예술가들에게 자리를 마련해 주는 것이다. 수많은 미술 수집품들과 세계의 주요 박물관들은 전부 매우 부유한 사람들 혹은 국가주의가 강했던 시대의 사회들 작품이었다는 사실은 주목할 만하다. 이를테면 뉴욕의 모든 주요 박물관들은 카네기, 프릭, 록펠러, 구겐하임, 휘트니, 모건, 리먼과 같은 유명 갑부들의 이름과 연관되어 있다.

이러한 박물관들은 사람들로부터 예술을 보호하기 위해서가 아니라, 예술로부터 사람들을 보호하기 위해 설계되었다.

43 •

한 사회 내에 문화가 생겨날 가능성이 클 때는, 그 사회의 포이에타이가 사회 노선에 역행하는 목소리를 내기 시작할 때가 아니다. 모든 노선을 무시하고 관객을 다시 플레이로, 경쟁적인 플레이가 아니라 그 자체가 플레이임을 단언하는 플레이로 데려오는 데 관여하기 시작할 때다.

사회를 당혹스럽게 하는 것은 진지한 반대가 아닌 진지함의 전적인 결여다. 장군들은 전쟁을 포이에시스로 반대하려는 시도보다 그들의 전쟁을 포이에시스로서 보여 주려는 시도를 더욱 힘겨워할 수 있다.

사회나 그 정책에 저항하는 데 쓰이는 예술은 무한 게임으로서의 성격을 포기하고 결말을 향해 나아간다. 그러한 예술은, 그 사회의 영웅들을 매우 진지하게 찬양하는 예술 못지않게 선전적이다. 전쟁이나 다른 사회적 활동이 포이에시스라는 무한 게임 안으로 들어와 그것이 우스꽝스럽거나 무의미하게 보이기 시작하면, 다시 말해 아름다움이 무의미해 보이기 시작하면, 군인들은 자신들의 상을 봐 줄 관객을 찾을 수 없게 되므로 그 상을 받기 위해 싸울 이유가 사라져 버리는 심각한 위험이 생긴다.

44 •

문화는 그 자체가 포이에시스이므로 참여자들은 모두 발명가, 제작자, 예술가, 이야기꾼, 신화학자와 같은 포이에타이다. 그러나 그들은 실재를 만드는 사람들이 아니라 가능성을 만드는 사람들이다. 문화의 창조성에는 결과도, 결론도 없다. 그것은 예술 작품, 공예품, 제품으로 귀결되지 않는다. 창의성이란 다른 사람들에게도 창의성을 일으키는 연속성이다. "예술가는 대상을 창조하는 것이 아니라, 대상을 통해 창조한다"(랑크).

따라서 예술은 그것을 보는 이들에게 창의성을 불러일으키지 못한다면 예술이 아니다. 예술 작품을 손에 넣는다고 예술을 손에 넣는 것은 아니다.

예술은 결코 소유하는 것이 아니며 언제나 가능성으로 남기에, 소유되는 것은 그 무엇도 예술의 지위를 가질 수 없다. 만일 예술이 재산이 될 수 없다면 재산은 그저 재산일 뿐, 결코 예술이 아니다. 재산은 타이틀에 주목하게 하고, 시간을 거슬러 올라가 완결된 시간을 가리킨다. 예술은 극적이고 항상 앞을 향해 열려 있으며, 끝낼 수 없는 것을 시작한다.

문화는 결정적이지 않고 발생적이기 때문에, 용인되는 활동의 목록 따위가 확립되어 있지 않다. 특정 기술을 익혔다거나 특정 기법을 구사한다고 예술가가 아니다. 예술에는, 예술가를 위한 대본에 따른 역할이 없다. 무언가가 예술인 이유는 바로 그 무언가가 아무것도 가지고 있지 않기 때문이다. 예술성은 어디서든 발견될 수 있다. 사실 예술성은 어디서나 발견될 수 있을 뿐이다. 우리는 예술성에 놀라야만 하고, 이는 구할 수 있는 것이 아니다. 우리는 예술가들이 무엇을 하는지 보기 위해 예술가들을 지켜보는 것이 아니라, 사람들이 무엇을 하는지 지켜봄으로써 그곳에서 예술성을 발견한다.

예술은 훈련될 수 없다. 예술적 활동에 여러 기술이나 기법이 사용될 수는 있지만, 특정 기술이나 기법을 습득한다고 예술가가 되는 것은 아니다. 창의적인 것은 놀랄 준비가 된 사람 안에서 발견된다. 그러한 사람은 예술가가 되기 위해 학교를 다니진 못하고, 예술가로서 학교에 다닐 수 있을 뿐이다.

따라서 시인들은 사회에 '적합'하지 않다. 그들이 자리를 거부해서가 아니라 그들이 그들의 자리를 진지하게 받아들이지 않기 때문이다. 그들은 노골적인 시선으로 사회의 역할을 연극적인 것으로, 스타일을 포즈로, 의복을 의상으로, 규칙을 인습으로, 위기를 계획된 것으로, 갈등을 연기된 것으로, 그리고 형이상학을 이데올로기로 바라본다.

45 •

사회를 문화의 일종으로 간주하는 것은 사회를 전복시키는 것도, 심지어 사회를 변화시키는 것도 아닌 그저 사회가 불가결하다는 인식을 없애는 일일 뿐이다. 무한 게임 플레이어들에게도 규칙이 있다. 그들은 단지 규칙이 합의의 표현이지 합의의 요건은 아니라는 점을 망각하지 않을 뿐이다. 따라서 문화는 단순한 무질서가 아니다. 무한 게임 플레이어들은 그들의 문화를, 그들이 개인적으로 선택한 모든 일들의 합성이 아닌 그들이 함께 선택한 모든 일들의 합동으로 이해한다. 하나를 갖기로 한 결정 없이는 합동이란 없으므로, 모든 문화적 합동은 지속적으로 수정된다. 르네상스는 시작되자마자 변화하기 시작했다. 사실 르네상스는 변화와 별개의 것이 아닌 변화 그 자체로, 지속적이고 합동적인 하나의 진화였다.

이러한 까닭에 사회가 경계로 정의된다면, 문화는 지평으로 정의된다고 할 수 있다.

경계는 대립 현상이고, 적대적인 세력들이 만나는 장소다. 아무것도 적대하지 않는 곳에 경계가 있을 수 없으며, 경계는 저항을 받지 않고는 넘을 수 없다.

이것이 애국주의, 즉 한 사회의 권력을 증대시키는 방법으로 사회의 권력을 보호하려는 욕망이 본질적으로 호전적인 이유다. 사회 없이는 상도 있을 수 없으므로, 적 없이는 사회 또한 없으므로, 애국자들이 먼저 적을 만들어 내야 우리가 적으로부터 보호를 요구할 수 있다. 애국자들은 경계가 명확하고, 적대적이고, 위험한 곳에서만 번성할 수 있다. 따라서 애국정신은 전형적으로 군사적 내지는 다른 방식의 국제 분쟁과 연결되어 있다.

애국주의는 그 안에 다른 유한 게임 모두를 담으려는, 다시 말해 단 하나의 경계 안에 모든 지평을 쓸어안으려는 욕망이므로 본질적으로 악하다.

지평은 비전 현상이다. 우리는 지평선을 볼 수 없다. 그것은 우리가 볼 수 없는 저 너머의 지점일 뿐이다. 그러나 지평선 그 안에는 시야를 제한하는 것이 아무것도 없다. 지평선은 그 너머에 있는 모든 것에 열려 있기 때문이다. 사실상 시야를 제한하는 것은 시야의 불완전함이다.

우리는 결코 지평선에 도달하지 못한다. 그것은 선이 아니고, 그곳에는 장소가 없다. 그것은 그 어떤 장場도 둘러싸지 않으며, 그 위치는 항상 시야에 상대적이다. 지평선을 향해 나아가는 것은 그저 새로운 지평을 가지는 것이다. 그러므로 우리는 시야가 짧고 지평이 좁을 수는 있어도, 자신의 지평선에 가까워질 수는 없다.

지평선은 우리의 시야와 함께 움직이므로 지평선 어딘가에 우리는 없다. 우리는 오직 지평선에서 돌아섬으로써, 비전을 대립으로 대치함으로써, 우리가 서 있는 곳이 영원하다고, 즉 성소이고 성역이라고 선언함으로써, 우리의 입장이 진리이고 불가침의 계명이라고 선언함으로써 어딘가에 있을 수 있을 뿐이다. 어딘가에 있다는 것은 시간, 공간, 그리고 숫자를 절대화하는 것이다.

무한 게임 플레이어들의 모든 움직임은 지평선을 향한다. 유한 게임 플레이어들의 모든 움직임은 경계 안에 있다. 그러므로 무한 게임의 매 순간은 새로운 비전, 새로운 가능성의 영역을 제시한다. 진정한 문화 현상 모두가 그렇듯, 르네상스는 여러 비전을 촉진하기 위한 노력이 아닌 더 많은 비전을 약속하는 비전을 찾기 위한 노력이었다.

지평적으로 사는 사람은 어딘가에 있는 것이 아니라, 항상 통과 중에 있다.

46 •

문화는 지평적이기에 시간이나 공간에 제한되지 않는다. 르네상스는 진정한 문화였으므로 끝나지 않았다. 비전을 새롭게 하는 르네상스의 방식에 누구나 참여할 수 있다. 이는 우리가 했던 일을 반복한다는 의미가 아니다. 하나의 문화에 참여한다는 것은 다른 사람들이 하는 일을 하는 것이 아닌, 다른 사람들과 함께 하는 일을 하는 것이다.

따라서 하나의 문화에 새로 참여하는 모든 이들은, 기존의 맥락으로 접어드는 동시에 그 맥락을 바꾸게 된다. 새로운 언어를 말하는 사람은 그 언어를 배우는 동시에 그 언어를 바꾼다. 전통의 새로운 채택은 그것을 새로운 전통으로 만든다. 아이가 태어난 가족은 아이의 탄생 전에 이미 존재했음에도 아이가 탄생한 이후에 새로운 가족이 되듯 말이다.

이러한 변혁의 상호성에는 시간에 대한 존중이 없다. 르네상스가 14, 15세기에 시작되었다는 사실은, 우리의 지평을 바꿀 만한 르네상스가 가진 그 포용력과는 무관하다. 이 상호성은 앞으로 작용할 뿐만 아니라 뒤로도 작용한다. 르네상스의 영향을 받은 지평을 지닌 사람은, 다시 르네상스의 지평에 영향을 미친다. 우리의 비전에 계속 영향을 미치는 문화는, 그렇게 영향력을 행사하며 계속 성장한다.

47 ·

문화는 사람들이 개인으로서 하는 어떤 일이 아닌 사람들이 서로 함께 하는 일이므로, 문화는 사람들이 민중이

되기로 선택할 때마다 생겨난다고 할 수 있다. 사람들이 서로 규칙, 도덕, 의사소통 방식을 마련하는 것은 민중으로서다.

정확히 말하자면 르네상스는 한 시대가 아닌 한 민중, 나아가 경계가 없어 적이 없는 민중이다. 르네상스는 어느 누구와도 대립하지 않는다. 르네상스적이 아닌 사람은 그에 반대하러 나갈 수 없다. 그들은 단지 그러한 민중과 함께하는 초대장만 발견하게 될 것이기 때문이다.

문화는 때로 그 사상, 그 작품, 심지어는 그 언어를 억압함으로써 반대된다. 이는 문화가 그 경계 안에서 성장하는 것을 두려워하는 사회의 공통 전략이다. 그러나 이러한 전략은 창조적인 활동(포이에시스)과 그 산물(포이에마poiema)을 혼동하기 때문에 실패가 확실한 전략이다.

사회는 사상과 사상가를, 다시 말해 포이에마와 포이에테스poietes를 전형적으로 분리한다. 사회는 그 사회의 사상들을 추상화하며, 어느 사상에는 힘을 부여한다. 사상이 마치 그것을 생각하는 사람, 심지어는 처음 그 사상을 내놓은 사람으로부터 독립적인 존재를 가졌다는 듯 말이다. 실제로 사회 자체에 대해 그 어떤 사상가도 도전을 하거나 수정을 가할 수 없다는 생각을 가지기 쉽다. 추상화된 사상, 사상가 없는 사상은 형이상학이다. 한 사회의 형이상학은 그 사회의 이데올로기, 그 자체를 다양한 민중의 산물로 내세우는 이론들이다. 르네상스는 이데올로기를 가지지 않았다.

형이상학이 없으므로 민중은 사회처럼 보이는 것이 위협을 받거나, 변하거나, 심지어 파괴되더라도 위협을 받지 않는다. 사회 내 개개인에 의해(권력 찬탈이나 권력 남용을 통해)서나 외부인들(다른 나라 사람들)에 의해 정부, 법률, 국가의 집행 기능을 조작하는 것은 민중이 되기로 한 민중의 결정에 영향을 미칠 수 없다.

민중은 민중으로서 방어할 것이 아무것도 없다. 동일한 방식으로 민중은 공격할 대상도, 공격할 사람도 없다. 우리는 다른 사람에 반대하는 일로는 자유로울 수 없다. 나의 자유는 당신의 자유의 상실에 의존하지 않는다. 오히려 자유는 결코 사회로부터의 자유가 아닌 사회를 위한 자유이므로, 나의 자유는 본질적으로 당신의 자유를 긍정한다.

민중에게는 적이 없다.

48 •

경계가 있고, 형이상학적 베일을 쓰며, 따라야 할 운명이 있는 사회에게 적은 필수이고, 갈등은 불가피하며, 전쟁은 가능한 일이다.

전쟁은 무자비함이 제어되지 못한 행위가 아닌, 경계가 있는 사회들 내지는 국가들 사이의 공공연한 싸움이다. 국가에 적이 없으면 경계도 없다. 국가는 정체성을 분명히 하기 위해 그 자체에 대한 위험을 자극해야 한다. 끊임없는 전쟁의 위험 속에서, 한 국가의 국민은 그 사회의 유한한 구조에 훨씬 더 주의를 기울이고 순종한다. "바람이 불어야 기나긴 고요함에서 생길 불결함으로부터 바다가 보호를 받듯, '영구적' 평화는 물론이거니와 기나긴 평화로 생길 국가 내의 부패 또한 그러할 것이다"(헤겔).

전쟁은 자기 보호에 필요한 것이라 내세우지만, 실제로는 자기 확인에 필요한 것이다.

전쟁 중인 타국에 반대하는 것이 유한 게임 플레이어의 충동이라면, 국가 안에서 전쟁을 반대하는 것은 무한 게임 플레이어의 계획이다.

만일 민중으로서 무한 게임 플레이어들이 어느 민중과 전쟁할 수 없다면, 어느 국가에 살든 무한 게임 플레이어들은 국가 안에서 전쟁 자체에 반대하는 행동을 할 수 있다. 전쟁에 반대한다는 데 있어 무한 게임 플레이어들과 유한 게임 플레이어들은 한 가지 유사한 점이 있다. 양쪽 모두 한 국가의 존립에 반대한다는 것이다. 그러나 그 이유, 그리고 국가를 제거하려는 전략은 근본적으로 다르다. 유한 게임 플레이어들은 국가들이 경계를 위태롭게 하기 때문에 국가들과 전쟁을 하고, 무한 게임 플레이어들은 국가들이 경계들을 낳기 때문에 국가들에 반대한다.

유한 게임 플레이어들의 전략은 국가를 만든 국민을 죽임으로써 국가를 죽이는 것이다. 하지만 무한 게임 플레이어들은 전쟁을 국가들 사이의 갈등으로 이해하면서 국가는 오직 국가만을 적으로 삼을 수 있다고 결론짓는다. 사람을 적으로 삼을 수는 없다는 것이다. "경우에 따라 국민을 단 한 사람도 죽이지 않고 한 국가를 죽이는 것이 가능하다. 그리고 전쟁은 그 목적을 획득하는 데 불필요한 권리는 주지 않는다"(루소). 무한 게임 플레이어들이 단 한 사람도 죽이지 않고 전쟁을 하는 것이 가능하다면, 마찬가지로 단 한 사람도 죽이지 않아야만 전쟁이 가능할 것이다.

그러나 무한 게임 플레이어들에게 있어 유한 게임 플레이어들의 전쟁 참여의 주된 어려움은 사람들이 죽는 것이 아니다. 실제로 유한 게임 플레이어들 스스로가 살인을 진심으로 뉘우치며, 가능한 한 사람을 죽이지 않으려고 한다. 그 어려움은, 그러한 전쟁에는 모든 유한 게임이 갖는 모순이 내재되어 있다는 데 있다. 전쟁에 이기는 것은 전쟁에 지는 것만큼이나 파괴적일 수 있다. 결정적인 승리를 거둘 때 그러하듯, 경계들이 그 명확성을 잃게 되면 국가는 정체성을 잃게 되기 때문이다. 알렉산더가 더 이상 정복할 적들이 없다는 것을 알고 눈물을 흘렸듯, 유한 게임 플레이어들은 새로운 위험에 도전받지 않으면 그들이 거둔 승리를 금세 유감스럽게 여기게 된다. 유한 게임의 전략에서 모든 전쟁을 종식시키기 위해 싸운 전쟁은 전 세계를 전쟁으로 몰아넣을 뿐이다.

무한 게임 플레이어의 전략은 지평적이다. 그들은 힘과 폭력이 아닌 포이에시스와 비전으로써 추정상의 적들을 만나러 간다. 무한 게임 플레이어들은 그들을 통과하는 민중이 되도록 초대한다. 무한 게임 플레이어들은 무기를 무기로 상대하기 위해 일어서지 않는다. 그 대신 웃음, 비전, 놀라움을 이용해 국가에 참여하며, 그 경계들을 다시 플레이 안으로 포함한다.

제한된 것은 우리의 시야이지 우리가 보고 있는 대상이 아니라는 인식은, 모든 경계를 지워 버릴 것이다.

49 •

플라톤은 일부 시인들이 수호자들을 약화할 힘을 지녔기 때문에 그들을 공화국에서 추방하자고 했다. 시인들은 국가가 설정한 '일반 노선'에 부합하는 이야기를 하지 않는 한, 전쟁을 하지 못하게 만들 수 있다. 형이상학 따위가 없는, 따라서 정치적 노선 따위도 없는 시인들은 전쟁을 불가능하게 한다. 그들은 필연적으로 보이는 것이 그저 가능한 것에 지나지 않는다는 사실을 수호자들에게 보여 줄 압도적인 능력을 지녔기 때문이다.

플라톤에게 있어 시인의 위험은, 그들이 무엇이 실재고 무엇이 허구에 불과한지 알 수 없을 정도로 모방을 잘한다는 데 있다. 플라톤에 따르면, 실재는 지어낼 수 없고 이성을 행사해 발견할 수 있을 뿐이므로 모든 시인들은 이성에 봉사해야 한다. 시인들은 공화국의 시민들을 "어릴 적부터 부지중에 이성을 사랑하고, 이성을 닮고, 이성과 조화를 이루며, 이성의 아름다움으로 이끌" 예술로 에워싸야 한다.

'부지중에'라는 단어의 사용은 형이상학적 베일을 그대로 유지하려는 플라톤의 의도를 보여 준다. 이성에 이끌려지는 이들은 그것을 알아챌 수 없다. 그들은 이성을 선택하는 것이 아닌 이성에 이끌려야만 한다. 플라톤은 그의 시인들에게 창조하지 말고 속일 것을 요구한다.

진정한 시인은 그 누구도 부지중의 상태로, 알지 못하는 상태로 이끌지 않는다. 시인들, 즉 온갖 종류의 창조자들이 추구하는 것은 다름 아닌 인식이기 때문이다. 그들은 그들의 예술을 실재처럼 보이게 하려고 전시하는 것이 아니다. 그들은 실재가 예술임을 드러내는 방식으로 실재를 전시한다.

플라톤 자신이 분명 예술가, 즉 포이에테스였다는 사실을 상기해야만 한다. 그의 공화국은 창작이었다. 형상 이론도 좋음의 이데아도 그러했다. 모든 은폐는 자기 은폐이므로, 우리는 그 합리적인 형이상학자, 그 위대한 철학의 마스터 플레이어 뒤에는 시인 플라톤이 서 있다고 생각하지 않을 수 없다. 자신의 전 저작이 플레이 행위이고 독자에게 주는 초대장임을, 다시 말해 진실을 모사하는 것이 아닌 그의 작품을 그들의 플레이로 가져가 변화시킴으로써 그의 예술의 연속성을 확립하라는 초대장임을 잘 알고 있는 시인 플라톤이 말이다.

50 •

우리는 형이상학자들이 사고하는 것을 찾아볼 수 있지만, 그들의 사고에서 형이상학자들을 찾아볼 수는 없다. 우리가 형이상학을 그 사상가로부터 분리할 때 우리는 추상을, 한때 살아 있던 누군가의 행위의 불멸의 그림자를 갖게 된다. 그것은 더 이상 누군가가 말하고 있는 것이 아니라 누군가가 말한 것이다. 가장 성공적인 형이상학은 듣는 이들을 웃게 하는 것이 아니라 확실히 침묵케 한다.

형이상학은 실재에 관한 것이지만 추상적이다. 시는 실재의 제작(포이에시스)이며, 구체적이다. 만들어진 것(포이에마)이 그 제작자(포이에테스)로부터 분리될 때마다, 그것은 형이상학적이 된다. 그렇게 더 이상 포이에테스의 목소리가 들리지 않게 될 때, 그 포이에마는 연구의 대상이지 배우는 행위가 아니다. 우리는 대상이 아닌 포이에시스만, 다시 말해 대상을 창조하는 행위만 배울 수 있을 뿐이다. 포이에마를 포이에시스에서 분리시키는 것, 즉 창조된 대상을 창조 행위로부터 분리시키는 것이 연극적인 것의 본질이다.

시인들은 죽이지 못하고 그들 스스로 죽는다. 형이상학은 죽지 못하고 그것이 죽게 만든다.

3장

나는 나 자신의 천재다

I Am the Genius of Myself

51 ·

나는 나 자신의 천재, 내가 말하는 문장과 내가 취하는 행동을 만들어 내는 포이에테스다. 생각하는 것은 나이지, 마음이 아니다. 행동하는 것은 나이지, 의지가 아니다. 느끼는 것은 나이지, 신경계가 아니다.

내가 천재로서 말할 때, 나는 그 말을 처음으로 하는 것이다. 말을 반복하는 것은 그 말을 다른 사람이 말하는 것처럼 말하는 것인데, 그렇다면 나는 그 말을 하고 있지 않은 것이다. 내 말의 천재인 것은 내 말의 기원이 되는 것, 그 말을 처음이자 마지막으로 하는 것이다. 나 자신의 말일지라도 반복을 하는 것은, 마치 내가 다른 시간과 장소에 있는 다른 사람인 것처럼 그 말을 하는 것이다.

내가 나의 천재를 버리고 마치 내가 다른 사람인 양 당신에게 말을 하면, 또한 나는 당신이 없는 어딘가에서 당신이 아닌 누군가로서 당신에게 말을 하는 것이다. 나는 당신을 청중이라 부르고, 당신이 천재로서 응답하기를 기대하지 않는다.

햄릿이 글을 읽고 있다고 말했을 때, 그는 글을 읽고 있지 않았다. 행동을 수행할 때는 행동하지 않으며, 생각을 향유할 때는 생각하지 않는다. 개는 악수하는 행동을 가르쳐 주어도 당신과 악수를 하지 않는다. 로봇은 말을 할 수 있지만 당신에게 말을 할 수는 없다.

당신 자신의 천재가 되는 것은 극적이므로, 거기에는 무한 게임의 역설이 전부 포함되어 있다. 즉 가진 것을 내주어야만 가질 수 있는 것이다. 당신이 말하는 단어의 소리는 당신의 입술에 있을지 모르지만, 그것을 듣는 사람에게 전적으로 내주지 않는다면 그 소리는 말이 되지 못하고 당신은 아무 말도 하지 않는 것이 된다. 말은 소리와 더불어 죽는다. 내게 말해지면, 당신의 말은 내가 마음대로 할 수 있는 나의 말이 된다. 당신은 당신이 하는 말의 천재로서 그 말에 대한 모든 권위를 잃는다. 생각도 마찬가지다. 생각을 당신 자신의 것이라고 아무리 여겨도 당신은 생각 자체를 생각할 수 없고, 그것이 무엇에 관한 것인지만 생각할 수 있을 뿐이다. 당신은 행동을 행동할 수 없듯이 생각을 생각할 수 없다. 만일 당신이 소리 그 자체로만 머무는 말을 진정으로 하지 않는다면, 생각으로 남아 있거나 다시 생각으로 번역될 수 있는 것 또한 생각할 수 없다. 당신은 생각 속에서 생각 너머로 생각을 던지면서 생각일 수 없는 것에 생각을 넘겨준다.

천재의 역설은 열린 상호성의 역학에 우리를 직접 노출시킨다. 만일 당신이 내게 한 말의 천재라면, 나는 당신의 말을 듣는 것의 천재이기 때문이다. 당신이 독창적으로 한 말을 나는 독창적으로만 들을 수 있다. 당신이 당신 입술 위의 소리에 항복할 때, 나는 내 귓속의 소리에 항복한다. 우리는 각자 상대에게 받은 것을 상대에게 내주는 것이다.

이는 말이 허사가 되었다는 뜻이 아니라 말을 초대하는 말이 되었다는 의미다. 말의 천재임을 포기할 때 말은 독창적이 아닌 반복적으로 말해진다. 말을 반복한다는 것은 설령 그 말이 우리 자신의 말일지라도 그 말을 말 자체의 소리에 담는 것이다. 베일을 쓴 말은 우리가 그 말을 처음 한 사람이라는 사실을 망각한 것처럼 말해지는 말이다.

독창적으로 말하거나 행동하거나 생각하는 것은 자기the self의 경계를 지우는 것으로, 이는 영역적인 인격을 떠나는 것이다. 천재는 생각으로 가득 찬 마음을 가진 사람이 아니라, 생각을 생각하는 사람이며 시야의 중심이다. 그러나 그 시야는, 그 자체 안에 다른 시야들의 독창적인 중심들을 포함하고 있을 때에만 시야로서 인정된다.

이는 당신이 보는 것을 내가 볼 수 있다는 말이 아니다. 오히려 내가 볼 수 있는 이유는 애당초 당신이 보는 것을 내가 볼 수 없기 때문이다. 당신이 당신 자신의 시야의 둘도 없는 중심이라는 발견은, 내가 나 자신의 시야의 중심이라는 발견과 동시적이다.

52 ·

천재로서 우리는 바라보지look 않고 본다see.

어떤 것을 바라본다는 것은 그것의 한계 안에서 살펴보는 것이다. 나는 눈에 확 들어오는 것, 다른 것들과 구별되는 것을 바라본다. 그러나 사물은 그 자체의 한계를 가지고 있지 않다. 그 무엇도 그 자체를 제한하지 않는다. 보이지 않는 기류를 타고 빙빙 도는 갈매기들, 내 책상 위의 고양이, 멀리서 들려오는 구급차의 사이렌은 좌우간 환경과 구별되지 않는다. 그것들이 곧 환경이다. 그것들을 살펴보기 위해 나는 그것들에 대해 내가 생각하는 바를 찾아야 한다. 나는 그 갈매기들을 어쩌다 그곳에 있게 된 갈매기들처럼 살펴보는 것이 아니라 이를 예로 만들 무언가를 찾는다. 나는 그 갈매기들을 육지가 멀지 않다는, 혹은 바다가 멀지 않다는 신호로 볼 수도 있다. 캔버스 위에, 혹은 시로 재현할 하나의 형태를 찾고 있는 것일 수도 있다. 살펴보는 것은 찾는 것이며, 이는 우리와 함께 한계를 가져오는 것이다. "자연에는 윤곽이 없다. 상상력에는 있다"(블레이크).

만일 바라보는 것이 한계 안에 포함된 것을 살펴보는 것이라면, 보는 것은 한계 자체를 보는 것이다. 새로운 유파가 새로운 이유는 이전 작품들에서 무시된 주제를 담고 있어서가 아니라, 이전 예술가들이 그들의 주제에 가했던, 그러나 보지 못했던 한계를 보기 때문이다. 이전 예술가들은 그들이 상상한 윤곽 안에서 작업을 하고, 그 후의 예술가들은 이전 예술가들의 상상력을 재작업하는 것이다.

바라보는 것은 영역적 활동으로, 한정된 공간 안에서 하나씩 살펴보는 것이다. 마치 시간 안에 다 볼 수 있다는 듯 말이다. 학문 분야가 그러한 영역이다. 경우에 따라 한 분야의 모든 것이 마침내 전부 검토되고 정의된다. 그럼으로써 제자리를 잡는 것이다. 기계학과 수사학이 그러한 분야다. 물리학 역시 그렇게 될지 모른다. 생물학적 미스터리들도 놀라운 속도로 사라졌다. 바라볼 만한 새로운 것을 찾는 일이 갈수록 어려워지고 있다.

바라보는 것에서 보는 것으로 바뀌더라도, 관찰된 대상을 보는 우리의 능력을 상실하지는 않는다. 사실 보는 것은 바라보는 것을 방해하지 않는다. 그것은 오히려 우리를 보는 것의 천재로서 그 영역 안에 두는데, 우리 안의 천재는, 우리의 상상력은 윤곽 안에서 창조하는 것이 아니라 윤곽 자체를 창조한다는 것을 안다. 보는 물리학자는, 우리와 물리학을 이야기하며 우리가 존재한다고 여겼던 사물이 전혀 사물이 아님을 보도록 우리를 초대한다. 우리는 그러한 사람에게서 새로운 한계를 배우며, 그 한계들을 가지고 무엇을 찾아야 하는가만이 아니라 우리가 한계들을 이용하는 방식을 보는 법 또한 배운다. 그렇게 배운 물리학은 포이에시스가 된다.

53 •

나 자신의 천재가 되는 것은 나 자신을 존재케 하는 것이 아니다. 내가 나 자신의 기원이기는 하지만, 나 자신이 취하는 행동의 산물이 나인 것과는 달리 내가 나 자신의 원인인 것도 아니다. 하지만 그렇다고 내가 다른 누군가의 행동의 산물인 것도 아니다. 나의 부모는 아이를 원했을지 모르지만 나를 원할 수는 없었다.

나는 내 과거의 소산이자 내 과거의 변신이다. 그 결과로서 과거와 연관되는 것은 과거와 인과 관계를 맺는 것이다. 그러한 관계는 과학적 설명으로 해명될 수 있다. 나는 유전적 영향의 정확한 결과라 말할 수 있게 되는 것이다. 내가 태어난 날과 장소는 인과적 필연성의 문제가 된다. 그 어떤 결정에도 나의 역할은 없다. 또한 다른 누구의 선택일 수도 없다. 나의 출생을 인과적 연관성의 측면에서 이해할 때, 그것은 절대적 시작이 아니다. 중단 없는 과정의 임의적 한순간 외에는 아무것도 아니다. 인과적으로 말하면 여기에는 새로운 것이 아무것도 없고, 알려져 있는 자연 법칙에 따르는 그런 종류의 변화만이 있을 뿐이다.

순수하게 인과적 관점에서 말하면, 나는 내가 태어났다는 말을 할 수가 없다. 차라리 복제 과정이 한 단계로 나타났다고 말해야 할 것이다. 복제는 반복, 이미 있던 것이 재발하는 것이다. 한편, 탄생은 인과적 용어로 완전한 불연속이다. 그 자체에 시작이 있으며, 어떤 것에 의해 야기될 수 없다. "나는 이날, 이곳에서 복제되었다"고 말하는 것은 이치에 어긋난다. "나는 태어났다"고 말하는 것은, 나 자신에 대해 연속적인 것들의 영역 안에서 원인 없는 출발의 순간을, 설명적 지능으로는 이해할 수 없는 절대적 시작을 가진 것으로 말하는 것이다.

그러한 현상으로서 탄생은 아무것도 반복하지 않는다. 그것은 과거의 결과가 아닌 이미 진행 중인 드라마의 재구성이다. 탄생은 현재 진행 중인 한 가족의 역사, 나아가 한 문화의 역사에서 일어나는 사건이다. 탄생의 근본적 독창성은 문화나 가족의 역사에서 극적인 것이 연극적인 것과 갈등을 일으키게 되는 방식으로 그 자체를 알린다.

연극적으로 보면, 나의 탄생은 플롯이 있는 반복적인 사건이다. 나는 내 가족과 내 문화의 또 한 명의 구성원으로 태어난다. 내가 누구인가는 내가 속한 전통의 내용과 성격에 의해 이미 답변된 질문이다. 극적으로 보면, 나의 탄생은 그 반복적인 연속의 단절, 과거가 의도한 바를 확실히 바꾸는 사건이다. 이 경우에는 전통의 성격이 내가 누구인지에 따라 결정된다. 극적으로 말하자면, 모든 탄생은 천재의 탄생이다.

내가 태어났을 때 진행 중인 드라마는, 그 안에서 새로운 천재가 출현함으로써 새로운 가능성으로 나아간다. 그러나 그것은 망각을 시도하는, 플레이를 진지하게 하는 유한 게임 플레이어들이 살고 있는 드라마다. 만일 내가 한 가족의 문화에 태어나 거기에 덧붙여진다면, 나 또한 그 정치의 산물이자 시민이 된다. 나는 우선 나를 위해 준비된 역할(장남이나 총애를 받는 딸, 가족의 명예를 이어 갈 계승자나 가문을 되살릴 사람과 같은 역할) 중 하나를 맡으라는 압박을 느끼며, 연극적인 것과 극적인 것의 갈등을 경험한다.

물론 이러한 역할들에는 각기 대본이 따른다. 그 대본이 학습된 것에 불과하다는 사실을 의도적으로 잊거나 억압하려고 하면서, 평생 그 대사를 반복할 수도 있는 대본이 말이다. 프로이트식으로 보자면, 그렇게 하는 사람은 그 억압된 자료를 과거에 속하는 것으로 기억하는 대신 "당대의 경험으로서 의무적으로 반복하게 된다". 과거는 단연코 지나간 것이며, 그러므로 영원히 봉인된 것이 아닌 영원히 창조적 재해석에 열려 있음을 아는 것은 우리 안의 천재다.

54 ·

과거를 지나간 것으로 두지 않는 것이 유한 게임 플레이어들이 지닌 진지함의 주된 원천일 것이다. 유한 게임에는 항상 관객이 존재하는 만큼, 유한 게임 플레이어가 자신이 승자임을 알아주기를 바라는 대상은 그 관객이다. 다시 말해 유한 게임 플레이어는 관객이 있어야 할 뿐 아니라 관객을 설득하기도 해야 한다.

승자의 타이틀은 남이 볼 수 없으면 가치가 없듯, 보이지 않음에 부착되는 일종의 반反타이틀antititle도 존재한다. 우리가 볼 수 없다면, 우리에게 망각의 형을 선고한 과거가 있는 것이다. 마치 우리가 선택한 관객이 이유를 불문하고 우리를 간과하거나, 심지어는 잊어버린 것처럼 말이다. 현재 눈에 보이는 이들이 승자들이라면, 보이지 않게 지나간 이들은 패자들이다.

유한 게임에 장난스럽지 않고 진지하게 임할 때, 우리는 불가시성이라는 반타이틀을 지고 있음을 아는 관객 앞에 서는 것이다. 따라서 우리는, 우리가 관객이 생각하는 우리에 대해 우리가 생각하는 모습과는 다른 사람임을 관객들에게 입증할 필요를 느낀다. 더 정확히 말하자면 우리는, 우리가 관객이 생각하는 과거의 우리에 대해 우리가 생각하는 모습과는 다른 사람이었음을 증명하고 싶은 것이다.

모든 유한 게임이 그렇듯 이러한 시도의 핵심에는 그 즉시 중대한 모순이 생겨난다. 유한 게임 플레이어로서 우리는 우리가 설득하고자 하는 바로 그 관객에게 우리 자신이 설득되지 않는 한, 승리하고자 하는 충분한 욕망을 가지고 게임에 참가하지 않을 것이다. 다시 말해 관객들이 생각하듯 우리가 정말로 패자임을 우리 스스로 믿지 않는 한, 이기는 데 필요한 욕망을 갖지 못할 것이라는 말이다. 우리는 스스로에 대한 평가가 부정적일수록 더욱더 다른 사람들의 부정적인 판단을 뒤집기 위해 애쓴다. 그리고 그 결과는 완벽한 모순을 낳는다. 관객에게 그들이

틀렸음을 증명함으로써 우리 자신에게 그들이 옳았음을 증명하는 것이기 때문이다.

승자로 인정받으면 인정받을수록 더욱더 패자임을 알게 된다. 그러므로 사람들이 몹시 탐내는 유명한 상을 수상한 승자들이 타이틀에 만족하고 은퇴하는 일이 드문 것이다. 승자들, 특히 유명한 승자들은 자신이 승자임을 거듭거듭 증명해야만 한다. 그 대본은 몇 번이고 상연되어야 하고, 타이틀은 새로운 시합으로 방어되어야 한다. 충분히 부유하고, 충분히 영광스럽고, 충분히 갈채 받는 사람은 아무도 없다. 승리에 따르는 가시성은 오히려 남의 눈에 보이지 않는 우리 과거의 실패의 지배력을 강화할 뿐이다.

유한 게임에 있어 이러한 과거의 힘은 너무나 결정적이므로, 투쟁에 대한 관심을 유지하기 위해서는 잊혀진 일을 기억하는 방법을 찾아야만 한다. 모든 진지한 싸움의 밑바닥에는 굴욕적인 기억이 있다. "알라모를 기억하라!" "메인호를 기억하라!" "진주만을 기억하라!" 이러한 것들이 미국인들을 수많은 전쟁으로 몰고 간 슬로건들이다. 한때 아테네인들에게 모욕을 당했던 페르시아의 위대한 다리우스 황제는, "폐하, 아테네인들을 기억하소서"라고 그의 귀에 속삭이는 시종을 데리고 다니며 전쟁의 욕망을 새로이 다졌다.

실제로 우리가 모든 플레이의 성격을 망각했음을 망각할 수 있을 만큼 충분히 강렬하게 경쟁에 뛰어들 수 있는 것은, 우리가 망각한 것을 기억할 때뿐이다. 플레이를 강제로 해야만 하는 사람은 플레이를 할 수 없다.

우리가 우리 자신의 천재로 행동할 때마다, 그 천재는 과거를 지나간 것으로 내버려 두는 정신에 있을 것이다. 니체가 "망각의 능력"이라고 불렀던 것을 발휘함으로써 우리 안의 원망을 몰아낼 수 있는 것은 우리 안의 천재다. 즉 과거를 부정하는 방식이 아니라 우리 자신의 독창성을 통해 과거를 재구성하는 방식으로 말이다. 그러면 우리는 우리가 관객에 의해 망각되었음을 잊고, 우리가 플레이할 우리의 자유를 망각했음을 기억하게 된다.

55 •

우리가 태어난 문화에, 우리에게 반복 가능한 과거를 제공함으로써 우리의 삶을 연극화하도록 촉구할 사람들이 항상 존재한다면, 우리가 놀랄 준비를 하도록 가르침을 주는 사람들 또한 존재할 것이다(전자와 후자가 같은 사람들일 수도 있다). 우리가 우리 자신이 천재임을 처음으로 알게 되는 것은 그러한 사람들 앞에서다.

이러한 사람들이 우리에게 천재성을 주거나, 우리 안에 천재성을 심어 주지는 않는다. 천재의 원천은 결코 외부에 있지 않고, 한 아이를 천재로 바꾸는 방법은 없다. 천재는 접촉touch으로써 생긴다. 접촉은 무한 게임의 일반적인 역설적 현상이다.

우리 사이의 거리가 0으로 줄어들면, 상대는 나를 접촉하지 못한다. 오직 내가 나 자신의 중심으로부터, 다시 말해 근본적으로, 자발적으로 응하는 경우에만 나는 접촉된다. 그러나 당신 역시 당신 자신의 중심으로부터가 아니면, 당신 자신의 천재로부터가 아니면 나를 접촉하지 못한다. 접촉은 항상 상호적이다. 내가 응하여 당신을 접촉하지 않는 한, 당신은 나를 접촉할 수 없다.

접촉하기touching의 반대는 움직이기moving다. 당신은 이미 알고 있는, 어쩌면 이미 준비한 곳으로 밀어붙임으로써 나를 움직인다. 이는 나를 움직이면서, 당신은 꿈쩍하지 않고 당신 자신으로 있어야만 성공하는 계획된 행동이다. 나는 노련한 연기와 가슴 아픈 신문 기사에 마음이 움직여 눈물을 흘릴 수 있고, 또 정치적 선언과 영웅적인 업적을 서술한 이야기에 마음이 움직여 열정을 품을 수도 있지만, 이러한 경우 나는 그렇게 내 마음을 움직인 사람들 자신은 영향을 받지 않는 수법 혹은 계획에 따라 움직이는 것이다. 배우가 자신의 연기로 인해, 즉 연기로서가 아닌 자신의 연기에 취해 눈물을 흘린다면 그는 연기에 실패한 것이다. 그는 연극적으로 미숙해진 것이다.

이는 우리가 그들 자신이 아닌 사람들에 의해서만 움직여질 수 있다는 의미다. 우리는 우리 자신이 아닌, 우리가 될 수 없는 존재일 때에만 움직여질 수 있다.

접촉될 때 나는 그 모든 연극적인 가면 뒤에 있는 나라는 사람으로서 접촉되지만, 동시에 내면으로부터도 변화한다. 그리고 나를 접촉한 사람 또한 접촉된다. 접촉은 계획적으로 이루어지지 않는다. 사실상 모든 계획은 접촉으로써 산산이 부서진다. 접촉을 하는 사람도, 접촉을 당하는 사람도 놀랄 수밖에 없다. (이 현상의 예측 불가능성은 'touched'가 '실성한'이라는 의미로도 쓰이는 데 반영되어 있다.)

우리는 우리의 베일을 통해서만 움직여질 수 있으며, 우리의 베일이 뚫려야만 접촉될 수 있다.

56 ·

접촉의 성격은 무한 게임 플레이어들이 치유와 성을 이해하는 방식에서 아주 분명하게 확인할 수 있다. 만일 접촉이 자신의 중심으로부터 응하는 것이라면, 그것은 또한 온전한 한 사람으로서 응하는 것이다. 온전하다는 것은 흠이 없다는, 건강하다는 뜻이다. 요컨대 접촉되는 사람은 치유된다.

유한 게임 플레이어는 치유되거나 온전해지는 것이 아니라, 치료를 받거나 기능적이 되는 것에 관심이 있다. 치유는 내가 다시 플레이를 할 수 있도록 해 주고, 치료는 내가 여러 게임에서 다시 경쟁할 수 있도록 해 준다.

치료를 하는 의사들은 사람을 기능으로서 추상화해야 한다.

그들은 사람이 아닌 병을 치료한다. 그리고 사람들은 기꺼이 자신을 기능으로서 내놓는다. 실제로 의료업의 그 엄청난 규모와 비용을 지탱하는 것은 스스로를 기능으로 혹은 기능의 집합으로 보려는 보편적인 욕망이다. 아프다는 것은 기능 장애라는 뜻이고, 기능 장애라는 것은 자신이 선호하는 경쟁에서 겨룰 수 없다는 뜻이다. 그것은 일종의 죽음, 타이틀을 획득할 수 없는 무능으로, 병자는 눈에 보이지 않게 된다. 병은 항상 죽음의 냄새를 풍긴다. 그것은 죽음으로 이어질 수도 있고, 경쟁자로서 한 사람의 죽음을 초래할 수도 있다. 병에 대한 두려움은 패배하는 것에 대한 두려움이다.

우리는 결코 전체적으로 아프지 않고, 항상 어느 한정된 활동과 관련해 아프다. 나를 아프게 하는 것은 암이 아니다. 내가 암으로 아픈 이유는 일할 수 없고, 뛸 수 없고, 삼킬 수 없기 때문이다. 기능 상실, 활동 장애 그 자체는 나의 건강을 해칠 수 없다. 나는 너무 무거운 나머지 팔을 퍼덕이며 날 수 없지만, 그렇다고 해서 체중 때문에 아프다고 불평하지는 않는다. 그러나 내가 패션모델이나 무용수, 기수가 되고 싶다면, 과도한 체중을 일종의 병이라 여기고 치료를 받기 위해 의사나 영양사와 같은 전문가에게 상담을 받을 것이다.

치유될 때 나는 한 인간으로서 나의 자유가 기능 상실로 손상되지 않는 방식으로, 나의 중심으로 돌아간다. 이는 치유되기 전에 병이 먼저 제거될 필요가 없음을 의미한다. 나는 나의 질환을 극복할 수 있을 만큼이 아니라, 단지 나의 질환을 플레이에 포함하지 않을 수 있을 만큼만 자유롭다. 나는 나의 병을 치료받고, 나의 병과 함께 치유된다.

물론 치유에는 모든 접촉의 상호성이 존재한다. 내가 나 자신을 접촉할 수 없듯 나 자신을 치유할 수도 없다. 그러나 치유는 전문가를 필요치 않는다. 오직 그들 자신의 중심으로부터 우리에게 올 수 있는 사람들과 스스로 치유될 준비가 된 사람들만이 필요하다.

57 •

무한 게임 플레이어에게 성은 전적으로 접촉의 문제다. 성적으로 접촉하지 않고서는 접촉할 수 없다.

성은 기원의 드라마이기 때문에, 당신 자신의 천재성과 그 드라마에 참여한 다른 사람들의 천재성을 충분히 표현해 준다. 이는 정치적 이데올로기의 신봉자들 앞에 거센 도전을 던진다. 성의 형이상학자들은 진정한 성적 표현이 적어도 진정한 예술적 표현만큼이나 사회에 위험하다는 것을 알기에, 최소 두 가지의 강력한 해결책에 호소할 수 있다. 하나는 성을 생식 과정으로 다루는 것이고, 다른 하나는 성을 감정과 행동의 영역에 두는 것이다.

생식은 우리 몸을 통해 작용하는 과정이긴 하지만, 그럼에도 불구하고 그 작용은 자율적이다. 그것은 모든 자연 과정과 같이 본질적인 시작이나 끝이 없는 인과적 연속성의 현상이다. 따라서 우리가 우리 자신의 어떤 행동으로 그 과정을 시작한다고 말할 수 없다. 우리는 오직 따라갈 뿐이다. 부모가 될 커플이 필요한 모든 조건을 충족시켰을 때에만 수정이 일어날 수 있다. 그 누구도 아이를 잉태할 수는 없으며, 아이는 정자와 난자의 결합으로만 잉태된다. 어머니는 아이를 낳는 존재가 아닌 탄생이 일어나는 곳이다.

따라서 이러한 해결책을 적용하면, 성의 형이상학은 성적 활동에 경계선을 둘러 임신의 천재성을 아예 그 경계선 밖으로 내놓을 수 있게 된다. 그렇게 성행위의 유일한 목적은 출산이라는, 일부 기독교 신학자들의 낯설지 않은 견해가 등장한다. 그러나 이러한 형이상학은 과정의 연속성에만 몰두해, 아이의 천재성마저도 완전히 그 경계선 밖에 둔다. 그렇게 출산의 목적은 하나님의 왕국에 신민을 제공하는 것이라는 신학자들의 견해가 등장한다. 형이상학적으로 이해하면 성은 인간으로서의 우리의 존재와 아무런 상관이 없다. 성을 인간의 표현으로 보는 것이 아닌, 인간을 성의 표현으로 보기 때문이다.

진정한 성을 은폐하는 두 번째 방법은, 성을 느낌이나 행동의 일종으로 간주하는 것이다. 어느 경우든 성은 관찰되는 대상의 성격을 띤다. 비록 관심의 대상이 자기 자신의 성일지라도 다른 사람의 것인 양 외부에서 바라보며 평가를 내릴 수 있다.

우리는 우리 자신과 서로에게 어떤 행동이 허용 가능한지 혹은 바람직한지를 묻고, 자신의 것이든 다른 사람의 것이든 우리의 성적 느낌에 대한 적절한 반응을 고민한다. 이러한 방식으로 성은 사회적 현상으로서 다루어질 수 있고, 지배적인 이데올로기에 따라 규제되고 관리될 수 있다. 성적 반항자, 성적 금기를 위반한 이들은 이 이데올로기를 약화하지 않으며, 그것을 유한 게임의 규칙이라 단언한다.

성적 부적응자들이 규칙을 위반한다고 여기는 것은 편리한 생각이다. 문제는 훨씬 더 미묘하다. 그들은 규칙 자체에 반대하는 데에는 관심이 없고, 그 규칙들을 통해 경쟁적 투쟁에 참여하는 데에 관심이 있다. 성적 매력 혹은 섹시함은, 누군가가 그로 인해 기분이 상하는 만큼만 효과적이다. 포르노는 금지된 것, 그렇지 않으면 볼 수 없음을 드러내는 한에서만 흥분을 일으킨다. 따라서 거기에는 의무적인 적대감이, 충격과 폭력의 특성이 내재되어 있다.

성은 기원의 신비가 몹시 풍부하므로 원망이 깊이 새겨진 인간 행동의 영역이 되는데, 거기에 참여하는 이들은 적대적 만남의 다양한 전략을 구사한다. 유한 성의 플레이어들은, 그들 플레이에 가담하기를 거부하는 이들의 분노에 찬 저항을 필요로 할 뿐 아니라, 그들에게 가담하는 사람들의 저항 또한 필요로 한다.

한쪽 플레이어의 성적 플롯은 사실 상대방의 무관심이나 두려움, 혐오감에 자극을 받는다. 유한 성의 마스터 플레이어는 이러한 태도를 성적 게임을 거부하는 방식으로 받아들이지 않고 그 게임의 일부로 간주한다. 그렇게 당신의 성에 대한 나의 무관심이나 혐오감은, 당신의 마스터 플레이에서는 섹시한 무관심, 섹시한 혐오감이 된다. 내가 당신의 게임에 돌연 무관심해지는 것이 아니라, 당신의 게임 안에서 당신에게 무관심하게 되고 사실상 나 자신을 당신의 적으로 만들게 된다. 이것이 고전적인 싸구려 소설과 할리우드 로맨스의 플롯이다. 이를테면 열정적인 청년이 냉담한 아가씨를 얻게 되는 플롯 말이다.

그러한 성적 플레이의 심오한 진지함은, 승자에게 돌아가는 상의 독특한 성격에서 드러난다. 성적 경쟁에서 사람들이 원하는 것은 상대를 패배시키는 것만이 아니라, 패배한 상대를 가지는 것이다. 성은 패배한 상대가 승자의 상이 되는 유일한 유한 게임이다.

성적 타이틀에도 다른 모든 타이틀처럼 적절히 눈에 띄는 상징이 있다. 그러나 오직 성에 한해서만 사람 자체가 재산이 된다. 노예 제도나 임금 노동에 있어 우리가 소유하는 것은, 노예나 노동자인 사람이 아니라 그들 노동의 산물이다. 이때 마르크스의 표현을 쓰자면, 사람은 그들의 노동으로 인해 추상화된다. 그러나 성에 있어서는 사람이 그 자신으로부터 추상화된다. 유혹당하는 상대는, 유혹한 자의 승리가 대중의 관심을 끌 만큼 전시된다. 성적 만남의 복잡한 플롯에서 파트너 각자가 승자와 패자가 되는, 또 각자가 상대의 유혹적인 힘의 상징이 되는 이중 게임을 하는 일은 결코 드물지 않다.

사회는 성적 행동의 명확한 기준이나 성적 감정에 대한 규정된 태도를 정할 때가 아니라, 성적인 정복의 상징적 표시를 제도화할 때 성 관리의 지배력을 보여 준다. 이러한 제도는 남편의 장례용 장작더미 위에서 과부를 산 채로 불태우거나, 선출된 공직자의 취임식에서 배우자가 잘 보이도록 내세우길 요구하는 것만큼 다양할 수 있다.

유한 성은 일종의 연극이다. 사람들 사이의 거리가 규칙적으로 감소해 0이 되지만, 어느 쪽도 상대를 접촉하지 않는다.

58 ·

성은 기원의 드라마이므로, 사회의 파생물이 아니라 사회의 원형이다. 따라서 사회가 유한 성 플레이를 규제한다고 말하는 것은 다소 오해의 소지가 있다. 사회가 유한 성을 형성하기보다는 유한 성이 사회를 형성한다고 보는 편이 맞다. 우리는 사회가 부여한 성적 역할을 제한적으로만 맡으며, 성적 역할을 통해 사회적 합의를 이루는 경우가 훨씬 더 많다. (이를테면 아버지를 가족의 왕이라 지칭하기보다는, 왕을 국가의 아버지로 지칭하는 경우가 많다.) 사회가 규제 기능을 하기는 하나, 성이 그 자체를 규제하기 위해 사회를 이용하는 것으로 이해하는 편이 보다 정확할 것이다.

이는 사회가 성적 긴장을 야기하거나 방지하는 데 거의 혹은 전혀 역할을 하지 않는다는 의미다. 오히려 사회는 성적 긴장을 그 모든 구조 안으로 흡수한다. 사회는 가족 안에서 습득된 원망의 패턴을 펼치는 더 큰 극장이 된다. 사회는, 관객으로서 부모에게 나는 내가 생각하기에 부모가 나라고 생각하는 그런 존재가 아님을 증명하는 곳이다. 이 관계에서 중요한 것은 나의 부모가 나를 어떻게 생각했느냐가 아니라, 나의 부모가 나에 대해 이러저러하게 생각한다고 간주하는 나의 생각이기 때문에, 부모는 곁에 없거나 죽더라도 관객으로서 살아 있게 된다. 게다가 바로 그러한 이유로 부모는 결코 최종적인 승인을 얻어 낼 수 없는 관객이 된다.

프로이트의 유명한 표현을 빌리자면, 그렇기에 문명인은 불만스럽다. 우리는 문명 속에서 패배자가 되는 것이 아닌 패배자로서 문명화된다. 이 뿌리 깊은 패배 의식의 집단적 결과는 문명이 원망의 정신을 띤다는 것이다. 상상된 관객에게 심히 민감하기에, 문명인은 다른 문명들 때문에 쉬이 기분이 상한다. 실제로 가장 강력한 사회 또한 가장 연약한 사회로 인해 당황하게 될 수 있다. 아프가니스탄 때문에 소련이, 아르헨티나 때문에 영국이, 그레나다 때문에 미국이 그러했듯 말이다.

따라서 진정한 혁명적 행위는 아들에 의한 아버지의 타도가 아니라(기존에 있던 원망의 패턴만을 강화할 뿐이므로), 성적 재능의 복원이다. 해외 전쟁의 종식을 강요하는 미국 시민들의 유일한 성공적 시도가, 성적 태도의 광범위한 수정과 동시에 일어난 일은 결코 우연이 아니다. 그러나 문명은 이 혁명가들을 새로운 성의 정치로 유혹함으로써 이러한 위협에서 빠르게 회복되었는데, 사회적 교착 상태 중 하나인 새로운 성의 정치에서는 성의 천재가, 동등한 권리 개정안의 통과와 여성의 국가직 선출과 같은 투쟁과 혼동된다.

유한 성의 긴장으로 인해 사회가 형성되는 또 하나의 방식이 있다. 바로 재산에 대한 지향이다. 성은 패자가 승자의 상이 되는 유일한 유한 게임이므로, 가장 바람직한 형태의 재산은 다른 사람의 소유를, 물론 소유되는 이가 자유로이 동의해야 하는 관계를 공적으로 인정받는 것이다. 이외의 모든 재산 형태는 그 양이 엄청나다 할지라도 그다지 바람직하지 않다. 사실상 내 재산의 진정한 가치는 금전적인 가치가 아닌, 서로 함께 하는 게임의 마스터 플레이어가 나임을 선언할 수 있게 해 주는 그 효과에 따라 달라진다.

가장 심각한 투쟁은 성적 재산에 대한 투쟁이다. 이 때문에 전쟁이 일어나고, 목숨이 심히 위태로워지고, 엄청난 음모가 시작된다. 아무리 제국을 얻고, 부를 얻고, 명성을 얻어도, 사랑에서 패하면 모든 것에서 패한 것이다.

59 •

유한한 혹은 베일에 가려진 성은, 참가자들이 이기고자 하는 다양한 투쟁이기 때문에 순간, 결과, 마지막 장면을 지향한다. 모든 유한 게임처럼 유한 성은 주로 속임수로 진행된다. 성적 욕망은 보통 직접적으로 드러내지 않고, 일련의 속임수나 몸짓, 옷 스타일이나 야한 행동으로써 은폐된다. 유혹은 각색되고, 대본이 쓰이고, 꾸며진다. 어떠한 반응을 구하고, 플롯을 개발한다. 유혹에 능한 사람은 지연작전을 쓰고, 특별한 상황과 무대를 마련한다.

유혹은 끝을 향하도록 기획된다. 시간이 다 되면 플레이는 끝난다. 남는 것은 추억, 어느 순간에 대한 기억, 그리고 어쩌면 그 순간이 되풀이되기를 바라는 갈망뿐이다. 유혹은 반복될 수 없다. 일단 어느 유한 게임에서 승리하거나 패배하면, 그 게임은 다시 할 수 없다. 한번 도달된 순간들에 다시 이를 수는 없다. 연인들은 흔히 특별한 순간들을 생생하게 떠올려 주는 것들을 붙들고 있지만, 그러한 것들은 동시에 그 순간들을 다시 창출할 수 없는 그들의 무능 또한 상기시킨다. 새로운 체위나 약물 사용, 이국적 환경이나 보조 파트너 등 성관계에서 색다름을 추구하는 일은 새로운 순간에 대한 욕망이지만, 그것은 추억 속에서나 가능할 뿐이다. 모든 유한 게임과 마찬가지로 베일에 가려진 성의 목적은, 그 자체를 끝내는 것이다.

60 •

반면 무한 게임 플레이어들은 타인의 자유를 자신의 플레이의 경계로 제한하거나 남을 유혹하는 일에는 관심이 없다. 무한 게임 플레이어들은 성의 모든 측면에서 선택을 인정한다. 그들 역시 자신과 다른 사람들에게서 엄마를 놓고 경쟁하는 유아의 욕망을 찾아볼 수 있지만, 성적 패턴에는 생리적 운명도 사회적 운명도 없다고 여긴다. 다른 사람과 경쟁하기로 선택한 사람은, 다른 사람과 플레이하는 것 또한 선택할 수 있다.

성은 무한 게임 플레이어들에게 있어 경계가 있는 현상이 아닌 지평적 현상이다. 그러므로 무한 게임 플레이어에게 동성애자니 이성애자니 종교적 독신주의자니 하는 말을, 간통을 했다느니 충실한 배우자니 하는 말을 할 수가 없다. 이러한 정의들은 각각 경계, 다시 말해 제한된 플레이 영역, 스타일과 관련이 있기 때문이다. 무한 게임 플레이어들은 성적 경계 내에서가 아니라 성적 경계를 가지고 플레이를 한다. 그들은 힘이 아닌 비전에 관심이 있다.

성 플레이에서 그들은 다른 사람을 묵묵히 참아 주고, 있는 그대로 받아들인다. 묵묵히 참아 주면서 그들은 자기 자신을 연다. 열려 있으므로 그들은 다른 사람에 대해 그리고 자기 자신에 대해 배우고, 배우기에 그들은 성장한다. 그들이 배우는 것은 성에 관한 것이 아닌 보다 구체적으로 본래의 자기 자신이 되는 법, 자신의 행동의 천재가 되는 법, 온전해지는 법이다.

따라서 원래의 중심으로부터 움직이기에 무한 게임 플레이어들의 성 참여는 기준도, 이상도, 성공이나 실패의 표시도 없다. 오르가슴도 임신도 그들 플레이의 목적이 아니다. 그 일부일 수는 있지만 말이다.

61 •

무한 성은 그 무엇도 은폐하지 않는다. 성적 욕망은 성적 욕망으로서 노출되므로 결코 심각하지 않다. 성적 만족은 성취가 아닌 지속적인 관계에서 이루어지는 행위이기에 기쁨이 넘친다. 만족의 결여 또한 실패가 아닌 그저 차후 플레이에서 다루어져야 할 문제일 뿐이다.

무한 연인은 가정을 가질 수도, 가지지 않을 수도 있다. 루소는 관습적이지 않은 유일한 인간 제도가 가족이며, 이는 자연에 의해 짧은 기간 동안 요구된다고 했다. 하지만 루소는 틀렸다. 그 어떤 가족도 자연적 필연성이나 다른 종류의 필연성으로 결합되지 않는다. 가족은 선택에 의해서만 모일 수 있다. 무한 연인들의 가족은, 선택되었다는 것이 자명하다는 점에서 차이점을 지닌다. 이는 점진적인 베일 벗기기 작업이다. 아버지와 어머니의 역할은 자유로이 맡지만, 언제든 그것이 연극적임을 보여 줄 의도를 지닌 채 맡는 역할들이다. 그러한 가족 내에서는 자녀들에게 그들은 모두 사회적인 역할이 아닌 문화적인 역할을 하고 있다는 것, 그것들은 단지 역할에 지나지 않다는 것, 그리고 그들은 모두 그 역할 뒤에 있는 실제 구체적인 사람들이라는 것을 분명히 해 주는 것이 부모의 의도다. 그렇게 아이들 역시 가족을 가지기로 선택함으로써만, 서로 가족이 되려는 집단적인 행동에 의해서만 가족을 가지게 된다는 것을 배운다.

62 •

무한 성은 신체의 특정 부분이나 부위에 관심을 집중하지 않는다. 무한 연인들에게는 '사적인 부위'가 없다. 그들은 그들의 신체에, 특별한 호의로 남에게 노출하거나 접근을 허용하는 비밀 구역이 있다고 여기지 않는다. 다른 사람들에게 접근할 수 있게 해 주는 것은 그들의 몸이 아닌 그들이라는 사람 자체다.

무한 성의 역설은 성을 몸이 아닌 사람의 표현으로 간주함으로써, 성이 온전히 체화된 플레이가 된다는 것이다. 이는 접촉의 드라마가 된다.

유한 성의 승리는 플레이로부터 육체 속으로 해방되는 것이고, 무한 성의 본질은 몸과 함께 플레이 속으로 해방되는 것이다. 유한 성에서 나는 몸으로서 당신과 관계 맺기를 기대하고, 무한 성에서 나는 당신 몸 안의 당신과 관계 맺기를 기대한다.

무한 연인은 감추어진 것을 노출하는 방식이 아닌, 무언가를 명백히 드러내는 방식으로 다른 사람의 성적 기대에 부응한다. 성관계는 자유로운 사람들의 포이에시스다. 이처럼 드러냄으로써 그들은 그들 자신인 사람들로 나타난다. 그들은 그들의 한계 안에서가 아닌, 그 한계를 지니고 다른 사람들을 만난다. 그러면서 그들은 변화하기를 기대하고, 또 극적으로 변화한다.

4장

유한 게임은 하나의 세계 안에서 생겨난다

A Finite Game Occurs Within a World

63 •

유한 게임은 하나의 세계 안에서 생겨난다. 시간적으로, 수적으로, 그리고 공간적으로 제한되어야만 한다는 것은, 그 한계에 부딪히는 무언가가 존재한다는 것을 의미한다. 모든 유한 게임에는 외부가 있다. 그 한계는 제한되는 무언가가 없는 한, 다시 말해 더 큰 공간, 더 긴 시간, 더 많은 수의 가능한 경쟁자들이 없는 한 무의미하다.

유한 게임 자체에는 몇 시에, 혹은 누구에 의해서, 혹은 어디에서 치러져야 하는가를 결정하는 것이 없다.

유한 게임의 규칙은 게임 자체의 시간적, 공간적 그리고 수적인 특성을 나타내게 된다. 이를테면 60분간, 100야드 길이의 경기장에서, 각각 11명의 선수들로 구성된 두 팀이 경기를 한다는 식으로 말이다. 그러나 그 규칙은 날짜와 장소 그리고 특정 참가자들을 결정하지 않으며, 결정할 수도 없다. 특정인들로 구성된 프로팀이 특정 금액의 연봉을 받고 시즌이 끝날 때마다 전국 선수권 대회에 참가해야 한다는 것을 규칙이 규정하지는 않는다. 의료 행위나 로마 주교직 수행에 관한 규칙은, 이러한 게임에 어떤 사람들이 참가해야 하는지를 보여 주지는 않는다. 어떤 종류의 사람들이어야 한다는 규정은 있어도, 누구누구라고 그 이름을 말해 주는 규정은 없는 것이다.

하나의 세계는, 그 존재가 없다면 그 세계의 시간과 장소와 참가자들이 이치에 닿지 않는 절대적 전거典據를 제공한다.

하나의 게임 내에서 일어나는 일은, 그 게임의 경계 안에서 일어난 다른 일과 관련해서는 상대적으로 이해될 수 있으나, 그 경계가 존재하는 세계 자체와 관련해서는 절대적으로 이해될 수 있다.

약 10개월간의 선거 운동 끝에 수천 표 차이로 대통령 선거에서 승리한 일은 상대적으로 이해될 수 있다. 하지만 그 세계의 역사상 1860번째 되는 해에 미합중국, 즉 선포된 경계에 의해 다른 모든 사회들과 뚜렷이 구별되는 사회의 16번째 대통령(링컨)이 된 일은 절대적으로 이해될 수 있다.

우리는 한 게임의 승자가 된다는 것이 무엇을 의미하는지, 그 게임을 세계의 절대적 차원에 놓기 전까지는 정확히 이해할 수 없다.

64 •

세계는 관객의 형태로 존재한다. 세계는 사례의 총체가 아니라 사례의 총체를 결정하는 것이다.

관객은 시합에 참여하지 않고 시합을 구경하는 사람들이다.

누가 관객이 될지는 그 누구도 결정하지 않는다. 그 어떤 권력도 하나의 세계를 만들 수는 없다. 세계는 그 자체로 자발적인 원천이어야 한다. "세계는 세계화한다"(하이데거). 세계가 되어야만 하는 이는 세계가 될 수 없다.

관객에 가담하는 사람들의 수는 문제가 되지 않는다. 관객이 생겨나는 시간과 장소도 그렇다. 유한 게임의 시간적, 공간적 경계는 절대적이어야 한다. 관객이나 세계와 관련해서는 말이다. 그러나 세계가 언제 어디에서 생겨나며, 누가 그 세계에 포함되는가는 중요치 않다. 우리는 케네디 대통령이 저격당한 "1963년 11월 22일에, 나는 그 세계에 있었다"거나 "관객이었다"고 말하지 않고, "대통령이 저격당했다는 소식을 들었을 때, 나는 저녁으로 무얼 만들어 먹을지 생각하며 차에서 막 내리던 참이었다"고 말한다. 관객은 그 정체성을 관객에 속하는 사람들이 아닌 관객이 지켜보는 사건에 따라 얻는다. 그날을 기억하는 사람들은, 그날 이른 오후에 무엇을 하고 있었는지 정확히 기억한다. 그날이 11월 22일이라서가 아니라, 그들이 그날 사건의 관객이 된 순간이었기 때문이다.

관객의 경계가 무관하다면, 중요한 것은 관객의 통일성이다. 관객은 단일한 존재, 다시 말해 그들 앞에 펼쳐지는 시합에서 우승자를 보고자 하는 욕망으로 결속된 단일한 실체여야 한다.

이 욕망이 일차적이지 않은 사람은 그 시합의 관객에 속하지 않으며, 그 세계의 사람이 아니다.

유한 게임이 진행될 수 있으려면 우선 관객이 필요하다는 사실, 그리고 관객은 그 앞에서 벌어지고 있는 사건에 전적으로 몰두해야 한다는 사실은 유한 게임과 그 세계의 결정적인 상호 의존성을 보여 준다. 유한 게임 플레이어들에게는 그들 자신을 이해하기 위한 절대적 전거를 제공하는 세계가 필요하다. 동시에 세계는 하나의 세계이기 위해 유한 게임의 관객이 필요하다. 조지 엘리엇의 소설 《다니엘 데론다》에 나오는 그랜드코트라는 사악한 인물은 "누구의 감탄에도 나른한 저주를 개의치 않았다. 그러나 이러한 무관심은 욕망만큼이나 관련 대상을 필요로 한다. 즉 감탄하고 부러워하는 구경꾼들의 세계를 말이다. 미소 짓는 사람들을 차갑게 바라보기를 즐긴다면, 그 사람들이 거기에 있어야 하고 그들이 미소를 지어야만 하기 때문이다".

우리는 세계를 찾는 플레이어들이고, 또 그만큼 플레이어들을 찾는 세계이기도 하며, 때로는 양쪽 모두이기도 하다. 어떤 세계들은 금방 존재했다가 금세 사라지고, 어떤 세계들은 조금 더 오래 유지된다. 하지만 영원히 지속되는 세계는 없다.

65 •

무한히 많은 세계들이 존재한다.

66 •

게임과 세계의 상호 의존성은 관련된 사람들에게 더 깊은, 또 다른 영향을 미친다. 유한 게임의 진지함은, 자신에 대한 다른 사람의 추정상의 평가를 정정하려는 플레이어들의 필요성에서 나오기 때문에 관객이 물리적으로 앞에 있을 필요가 없다. 플레이어들이 이미 그들 자신의 관객이기 때문이다. 유한 성에서 부모의 부재나 죽음이 그들이 틀렸음을 증명하려는 자식의 결의에 아무런 영향을 미치지 못하듯, 유한 게임 플레이어들은 겨루는 바로 그 행위로써 그들 자신의 적대적 관찰자가 된다.

나는 나 자신에 맞서 분열되지 않고서는 유한 게임 플레이어가 될 수 없다.

유사한 역학이 관객에게서도 발견된다. 유한 게임을 지켜보는 사람들이 관객으로서의 지위를 망각하게 되면, 그 행위에 지나치게 몰두하게 돼 그들 자신과 플레이어들 사이의 거리감을 상실한다. 그러면 플레이어들 못지않게 그들 자신, 관객 또한 승리하거나 패배하게 된다. 따라서 관객은, 자신들은 남들이 생각하는 자신들에 대해 자신들이 생각하는 모습이 아니라는 사실을 보여 주기 위해 플레이어들을 움직이는 동일한 원한의 정치를 받아들이게 된다. 관객 역시 이러한 판단을 반증하려는 동일한 압박을 받게 되는 것이다.

관객은 그 자신의 관객을 어디서 찾을 것인가를 물을 때마다, 우리는 모든 관객 안에 내재한 그 분열을 발견한다. 갈등 상대들은 각각 자신의 당파적인 관찰자들을 데려온다. 그 갈등이 한정된 게임 플레이 안에서 표현되는 한 관객은 단일하지만, 그 단일성은 그 자체에 대한 대립에 있다.

우리는 우리 자신에 대해 분열되지 않고서는 하나가 세계가 될 수 없다.

67 •

하나의 세계 앞에서 연극적으로 일어나기에, 유한 게임은 시간 내에 일어난다. 유한 게임은 경계를 지니므로, 하나의 세계가 설정한 그 절대적 시간의 한계 내에서 시작과 끝을 지니므로 유한 게임 플레이어를 위한 시간은 만료된다. 시간이 줄어들고, 바닥나는 것이다.

유한 게임은 그 자체의 시간을 가지지 않고 세계의 시간 속에 존재한다. 관객은 선수들이 타이틀을 딸 만큼의 시간만을 허용한다.

게임 초반에는 시간이 충분한 것 같고, 미래의 전략들을 개발할 수 있는 자유가 많아 보인다. 게임 후반에는 시간이 빠르게 소모된다. 선택이 제한될수록 선택은 더욱 중요해지고, 실수는 더욱 치명적이 된다.

우리는 어린 시절과 청춘기를 가능성이 풍부한 인생 시기로 본다. 단지 성공적인 결말로 열린 길이 아직 많이 남아 있는 것처럼 보이기 때문이다. 그러나 해가 지날수록 전략적으로 올바른 결정을 내리는 일의 경쟁적 가치는 커진다. 어린 시절의 실수는 성인기의 실수보다 더 쉽게 바로잡을 수 있다.

우리 안의 유한 게임 플레이어에게 있어 자유는 시간의 함수다. 우리는 시간이 있어야 자유로워진다.

시간의 흐름은 항상 지나가지 않는 것, 시간을 초월한 것에 상대적이다. 승리는 시간 안에서 일어나지만, 그 승리의 타이틀은 시간을 초월한다. 타이틀은 늙지도, 죽지도 않는다. 모든 유한 역사의 전거가 되는 순간들은 결코 잊히지 않을 승리들이다. 다윗의 왕권 확립, 구세주의 탄생, 메디나로의 여행, 헤이스팅스 전투, 미국, 프랑스, 러시아, 중국, 그리고 쿠바의 혁명들과 같이 말이다.

시대로 나뉜 시간은 연극적 시간이다. 한 시대의 개막과 폐막 사이의 시간의 경과는, 막과 막 사이의 장면이다. 그것은 살아진 시간이 아니라 플레이어들과 관객 모두에게 구경된 시간이다. 시간을 시대로 나누는 것은 플레이의 경계 밖에 존재하는 관찰자를, 그 시작과 끝을 동시에 볼 수 있는 관찰자를 전제한다.

유한 게임의 결과는 일어나기를 기다리는 과거다. 어떤 결과를 지향하며 플레이하는 사람은 특정 과거를 원한다. 유한 게임 플레이어들은 미래의 상을 놓고 경쟁함으로써 소중한 과거를 놓고 경쟁한다.

68 ·

우리 안의 무한 게임 플레이어들은 시간을 소모하는 것이 아닌 시간을 생성한다. 무한 게임은 극적이고 대본에 따른 결말이 없기에, 그 시간은 살아진 시간이지 구경된 시간이 아니다.

무한 게임 플레이어로서 우리는 젊은 것도, 늙은 것도 아니다. 다른 사람의 시간 속에 살지 않기 때문이다. 그러므로 무한 게임 플레이어의 시간성에는 외적인 척도가 없다. 무한 게임 플레이어에게 시간은 지나가지 않는다. 시간의 매 순간이 시작이다.

매 순간은 한 시기의 시작이 아니다. 한 사건, 그 안의 시간에 특별한 질을 부여하는 사건의 시작이다. 무한 게임 플레이어에게 한 시간 같은 것은 없다. 사랑의 시간이나 애도의 날, 배움의 계절이나 노동의 시기는 있을 수 있지만 말이다.

무한 게임 플레이어는 한 시기를 일로 채울 목적으로 일을 시작하는 것이 아니라, 일을 시간으로 채울 목적으로 일을 시작한다. 일은 무한 게임 플레이어가 시간을 보내는 방식이 아닌, 가능성을 생성하는 방식이다. 일은 바랐던 현재에 도달하고 예측할 수 없는 미래에 대비해 안정된 현재를 확보하는 방법이 아닌, 미래가 있는 미래를 향해 나아가는 방법이다.

무한 게임 플레이어들은 그들의 일이나 사랑, 다툼을 통해 얼마나 많은 것을 이루었는가는 말하지 못하고, 그저 많은 부분이 여전히 불완전하다는 말만 할 수 있을 뿐이다. 그들은 그것이 언제 끝나는지를 결정하는 데에는 관심이 없고, 오로지 그것이 어떻게 되는지에만 관심이 있다.

우리 안의 유한 게임 플레이어에게 있어 자유는 시간의 함수다. 우리는 시간이 있어야 자유로워진다. 우리 안의 무한 게임 플레이어에게 있어 시간은 자유의 함수다. 우리는 자유로우므로 시간을 가진다. 유한 게임 플레이어는 플레이를 시간 속에 포함하는 반면, 무한 게임 플레이어는 시간을 플레이 속에 포함한다.

69 •

무한 게임 플레이어들은 얼마든지 유한 게임을 할 수 있듯, 그 어떤 게임의 관객에도 가담할 수 있다. 그러나 그들은 관객임을 충분히 의식하면서, 관람 중인 플레이를 위해 그렇게 한다. 그들은 바라보지만, 그들이 바라보고 있음을 본다.

무한 게임은 유한 관찰자에게는 보이지 않는다. 유한 관찰자들은 종결을, 플레이어들이 문제를 결론짓고 미완인 것을 끝낼 수 있는 방법을 찾는다. 그들은 시간이 소진된 방법을, 혹은 곧 소진될 방법을 찾고 있다. 유한 게임 플레이어들은 예술 앞에 서듯 무한 게임 플레이어 앞에 서서 그것을 바라보고, 그것으로 포이에마를 만든다.

하지만 관찰자들이 작품에서 포이에시스를 볼 경우 그들은 즉시 관찰자이기를 그친다. 그들은 작품의 시간 속에서 그들 자신을 발견하고, 작품이 미완임을 알며, 그들이 시를 읽는 것 자체가 시라는 사실을 알게 된다. 그러면 그들은 예술가의 천재에 전염되어 그들 자신의 천재를 되찾아 오직 가능성만을 마주하고 있는 초심자가 된다.

유한 게임의 목적이 시간을 초월하는 영원한 타이틀을 획득하는 것이라면, 그렇게 해서 자신의 영원한 삶을 획득하는 것이라면, 무한 게임 플레이어의 본질은 마이스터 에크하르트가 "영원한 탄생"이라 불렀던 시간성과의 역설적인 싸움이다.

5장

자연은 말할 수 없는 것들의 영역이다

Nature Is the Realm of the Unspeakable

70 •

자연은 말할 수 없는 것들의 영역이다. 자연은 그 자체의 목소리도 없고, 하고자 하는 말도 없다. 우리는 자연의 말할 수 없음을 인간 문화에 대한 자연의 철저한 무관심으로써 경험한다.

우리 안의 마스터 플레이어는 이러한 무관심을 대개 용납하지 않는다. 우리는 그것을 사실상 도전으로, 맞서 싸우라는 초대로 받아들이고 대응한다. 만일 자연이 우리에게 집을 제공하지 않으면, 아무것도 내주지 않으면 우리 스스로 공간을 치우고 마련할 것이다. 우리는 문명을 위해 억압해야 할 적으로서 자연과 대결하며, 예측할 수 없는 자연의 변화를 정복할 기술의 발달을 현대 사회의 최고 업적 중 하나로 꼽는다.

그 노력은 주로 우리와 자연의 관계를 연극화하는 형태를 취했다. 다른 마스터 플레이어들과 마찬가지로, 우리는 놀라움에 대비하는 방법으로 상대의 행동에 나타나는 아주 작은 단서에도 끈기 있게 주의를 기울여 왔다. 먹이를 가만히 따라다니는 사냥꾼들처럼 우리는 자연의 움직임을 흉내 내는 법을 배웠고, 달아나기 전에 붙잡을 기회를 노렸다. "자연에 명령을 내리려면 복종해야 한다"(베이컨). 이는 마치 자연의 숨겨진 대본을 학습하는 동시에 그 연극을 연출하는 법 또한 함께 배운 것과 같다. 그로 인해 우리를 놀라게 할 만한 것들이 거의 남지 않게 되었다.

자연에 대한 우리의 투쟁을 인도하는 가정은, 자연 그 깊은 곳에는 궁극적으로 인간 지성이 이해할 수 있는 질서가 있다는 것이다. 이러한 내재적 구조가 만물의 변화 방식을 결정하는데, 그 자체는 변화에 종속되지 않으므로 우리는 자연에 대해 법칙적이라고, 즉 상당히 예측 가능한 패턴에 따라 반복된다고 말한다.

우리가 어느 사건이 알려진 법칙에 따라 반복됨을 보여 줌으로써 행한 것은, 그 사건을 설명하는 일이었다. 설명은, 사태가 어째서 지금과 같아야 하는지를 보여 주는 담화 방식이다. 설명에 사용된 모든 법칙은, 결론이나 일련의 연속적인 사건들이 완료된 상태로부터 시간을 거꾸로 바라본다. 과거 사건의 결말에 발견 가능한 필연성이 있듯, 미래의 사건에도 발견 가능한 필연성이 있다는 것이 모든 설명적 담화에는 함축되어 있다. 설명될 수 있는 것은 예측 또한 될 수 있다. 초기 사건들과 그 사건들의 연쇄를 망라하는 법칙을 안다면 말이다. 예측은 사전 설명에 지나지 않는다.

그 철저한 법칙성 때문에 자연은 그 자체의 천재가 없다. 반대로 인간 천재의 가장 위대한 발견은 자연 질서의 구조와 마음의 구조 사이의 완벽한 친화성이라고, 따라서 자연에 대한 완벽한 이해가 가능해지는 것이라고 생각되기도 한다. "세계의 영원한 신비는, 세계가 이해 가능하다는 것이라 할 수 있다"(아인슈타인).

이는 자연이 목소리를 가지고 있으며, 그 목소리가 우리 자신의 것과 다르지 않다고 말하는 것과 같다. 그렇다면 우리는 말할 수 없는 것들을 대변한다고 가정할 수 있다.

이러한 성과는 종종 쇠퇴하고 사라진 수많은 고대 문명들에 비해 위대한 현대 문명이 우월함을 나타내는 표시로서 제기된다. 우리의 위대한 기술은 우연한 사건들처럼 보이는 것에서 반복 패턴을 찾아내는 데 있지만, 덜 성공한 문명들은 보호를 위해 초자연적인 힘에 호소함으로써 자연재해의 위협을 다뤘다. 하지만 신들의 음성은 무지하며 거짓임이 드러났고, 신들은 진실에 의해 침묵되었다.

71 •

우리가 신들을 침묵시킨 데에는 아이러니가 있다. 말할 수 없는 것들을 대변한다고 가정함으로써, 우리 자신의 목소리를 자연의 목소리로 들음으로써 우리는 자연의 원 밖으로 나가야 했다. 물리학과 화학이 자연에 대해 말한다고 하는 것과 물리학과 화학이 자연의 말이라고 하는 것은 전혀 다른 것이다. 화학 그 자체가 화학적이라 말하고 싶은 화학자는 없을 것이다. 우리의 말이 화학적이면서 화학에 관한 것일 수는 없기 때문이다. 만일 한 과정에 대해 말하는 것 자체가 그 과정의 일부라면, 말하는 이에게는 영원히 감추어져야 하는 무언가가 존재하는 것이다. 좌우간 이해할 수 있으려면, 우리는 그 과정에서 벗어나 있으며, 이 문제들에 대한 우리의 시야를 가로막는 그 어떤 것도 없이 '객관적으로' 그리고 '감정에 휘둘리지 않고' 그에 대해 말할 수 있다고 주장해야만 한다. 여기에 아이러니가 있다. 이 지극히 타당한 주장으로 인해 자연에 대한 우리의 투쟁에 신들이 슬그머니 되돌아왔다. 신들의 목소리를 박탈하자 신들은 우리의 목소리를 가져갔다. 초자연적인 지성과 힘으로서, 자연의 힘을 다스리는 주인으로서 말하는 이는 우리다.

이 아이러니는 우리가 명백히 볼 수 있는 진실을 보지 못하도록 우리 자신의 눈을 계속 가리고 있는 한 눈에 띄지 않고 지나간다. 자연은 그 자체를 지배할 주인을 허용하지 않는다는 진실 말이다. 베이컨의 원칙은 양방향으로 작동한다. 만일 우리가 명령에 복종해야 한다면, 우리의 명령은 복종일 뿐 전혀 명령이 아니다. 부자연스러운 행동은 없다. 그 어떤 일도 자연에게 혹은 자연에 대항해 행할 수 없다. 자연 밖에서는 더욱더 그러하다. 따라서 우리는, 아무런 방해 없이 자연을 선명히 관찰하기만 하면 피할 수 있으리라 생각했던 그 무지 속으로 또다시 빨려 들어갔다. 우리가 자연에서 읽어 냈다고 생각했던 것은, 자연을 통해 해석했던 것임을 발견한 것이다. "우리가 관찰한 것은 자연 그 자체가 아니라, 우리의 질문 방법에 노출된 자연이라는 사실을 우리는 기억해야 한다"(하이젠베르크).

72 ·

현재 우리가 말하고 있는 것은 일반적인 무지가 아니다. 이는 알 수 있었으나 알지 못하는 것이 아니다. 이해 불가 그 자체, 다시 말해 그 어떤 정신도 결코 이해할 수 없다는 의미로서의 무지다.

베일이 벗겨져, 아무리 봐도 볼 수 없는, 극복할 수 없는 한계를 깨닫고 우리는 자연의 완벽한 침묵으로 돌아간다. 이제 우리는 그것이 무엇에 대해 침묵하고 있는지 알 도리가 없을 만큼 완벽한 침묵임을 확인할 수 있다. 우리가 이 침묵에서 배우는 것은, 자연은 우리가 자연에 대해 생각하거나 말할 수 있는 것과 다르다는 것이다. 그러나 이 침묵 자체에는 아이러니가 있다. 그것은 우리를 당혹시키기는커녕 정신 자체의 독창성에 없어서는 안 될 조건을 제공한다. 근본적인 다름에 우리를 대면시킴으로써 자연은 메타포의 원천이 되는 것이다.

메타포는 서로 다르거나 무관한 두 가지를 결합하는 것이다.

메타포는 환원 불가능성을, 서로에 대해 흔들리지 않는 무관심을 요구한다. 햇빛에는 황태자가 있을 수 없고, 실로 황태자와 아무 상관이 없을 때에만 매가 "햇빛 왕국의 황태자"(제라드 맨리 홉킨스)일 수 있다.

모든 언어는 근본적으로 메타포의 성격을 띤다. 그것이 무엇을 의미하건 그것이 언어인 것은 변함없으며, 그것이 가리키는 대상과는 절대적으로 다르기 때문이다. 이는 우리가 결코 매가 아닌 '매'라는 단어만 가질 수 있음을 의미한다. '매'가 아닌 매를 가지고 있다고 말하는 것은 우리가 가진 것이 무엇인지 정확히 안다고, 우리가 그것을 온전히 볼 수 있다고, 우리가 자연 그 자체로서 말할 수 있다고 가정하는 것이다.

자연의 말할 수 없음이 바로 언어의 가능성이다.

자연을 통제하려는, 자연과의 대립에서 마스터 플레이어가 되려는 우리의 시도는 언어로부터 벗어나려는 시도다. 그것은 자연을 '자연'으로 받아들이길 거부하는 것이다. 메타포에 귀를 막는 것이고, 자연을 친숙하게 만들어 본질적으로 우리의 의지와 말의 연장으로 삼는 것이다. 사냥꾼이 죽이는 것은 사슴이 아닌 사슴의 메타포, 즉 '사슴'이다. 사슴을 죽이는 것은 자연에 반하는 행동이 아닌 언어에 반하는 행위다. 죽인다는 것은 한결같은 침묵에 침묵을 부과하는 것이다. 예측 불가능한 생명을 예측 가능한 덩어리로 환원하는 것이며, 동떨어진 것을 친숙한 것으로 바꾸는 것이다. 그것의 다름에 주의를 기울일 필요에서 벗어나는 것이다. 그들의 한계 안에서 대상을 바라보는 물리학자들은 물리학을 가르친다. 그들이 대상 주변에 설치한 한계를 보는 이들은 '물리학'을 가르친다. 그들에게 물리학은 하나의 포이에시스다.

73

자연이 말할 수 없는 것들의 영역이라면, 역사는 말할 수 있는 이들의 영역이다. 실제로 그 자체가 역사적이지 않은 것들은 말해질 수 없다. 역사를 배우는 학생들은 이따금 자연을 배우는 학생들처럼, 사건들을 바라보는 직접적이고 편향되지 않은 관점을 찾을 수 있을 것이라 믿는다. 그들은 다른 사람의 삶을 들여다보며 그 사람의 삶이 그가 살았던 시대의 제약을 받는 무수한 방식에 주목한다. 그러나 그 누구도 한 시대를, 설령 그것이 자신의 시대라 할지라도 한 시대의 창을 통하지 않고서는 들여다볼 수 없다. 자연 외부에서 자연을 바라볼 수 있는 유리한 위치가 없듯 그러한 관찰자들에게도 역사 밖의 안전지대는 없다.

역사는 천재의 드라마이므로, 그 가차 없는 놀라움은 그에 대해 경계를 설정하도록 우리를 유혹하고 역사를 관통하는 반복 패턴을 찾게 한다. 역사가들은 때로 자연 현상을 묘사하듯 추세나 주기, 경향이나 힘에 대해 말한다. 그렇게 함으로써 그들은 역사로부터 벗어나 시간을 초월한 영원한 관점을 취하고, 관찰된 역사는 항상 다른 사람의 것이며 결코 그 자신의 것은 아니라고, 각 관찰은 역사에 대한 것이지 그 자체가 역사적인 것은 아니라고 믿게 된다.

그러므로 진정한 역사가들은 관찰 그 자체는 자연의 행위일 수 없다는 자연 관찰자들의 가정을 뒤집는다. 그들 자신이 역사적임을 이해하는 역사가들은 애당초 설명을 포기한다. 그러한 자각적 역사에 적합한 담화 양식은 내러티브다.

설명과 같이 내러티브는 일련의 사건들과 관련되며, 이야기를 결말에 이르게 한다. 그러나 이 결말을 필연적으로 만드는 일반 법칙은 없다. 진정한 이야기에는 그 어떤 행동도 필연적으로 만드는 법칙이 없다. 설명은 모든 명백한 가능성을 필연성의 맥락에 배치하고, 이야기는 모든 필연성을 가능성의 맥락에 배치한다.

설명은 우연을 어느 정도 용납할 수 있지만, 자유는 전혀 이해하지 못한다. 사람들이 그 일을 하기로 선택했기 때문에 그 일을 하는 것이라 말한다면 아무것도 설명하지 않은 것이다. 한편 내러티브에는 인과 관계가 들어설 자리가 없다. 사람들이 그 일을 하기로 야기되었기에, 다시 말해 유전자나 사회적 상황, 신들의 영향으로 인해 그 일을 하는 것임을 보여 준다면, 그것은 이야기를 한 것이 아니다.

설명은, 사태가 지금과 같은 식으로 끝나야만 했음을 보여 주며 문제를 해결한다. 내러티브는 사태가 그래야만 하는 대로가 아닌, 그렇게 끝나는 것임을 보여 주며 문제를 제기한다. 설명은 차후 탐구의 필요성을 제쳐 놓지만, 내러티브는 우리가 안다고 생각했던 것을 다시 생각해 보도록 우리를 초대한다.

자연의 침묵이 언어의 가능성이라면, 언어는 역사의 가능성이다.

74 •

성공적인 설명은 담화 방식으로서, 그 자체에 관심을 끌지 않는다. 설명되는 대상 자체는 역사에 종속되지 않기 때문이다. 만일 내가 당신에게 차가운 물은 연못 바닥으로 가라앉는데 어째서 얼음은 수면 위로 떠오르는지를 설명한다고 가정해 보자. 이는 내 설명이 현재는 맞지만 나중에는 아닐 것이란 의도로 말하는 것이 아니다. 그 설명은 언제 어디서나 맞다.

하지만 내가 이 시간, 이곳에서, 이것을 당신에게 설명하기로 한 것은 역사적인 것이자 하나의 사건이다. 즉 우리 관계의 내러티브다. 그러므로 이 사실을 이야기하는 이유가 있어야 한다. 설명은 아무런 근거 없이, 예를 들어 "얼음이 우연히 떠올랐다"는 식으로 제공되지 않는다. 내가 당신에게 무언가를 설명하려면, 당신이 가진 지식의 명백한 불충분함에 당신의 주의를 끄는 일이 선행되어야 한다. 다시 말해 우선 사물들 간의 관계에 있어 불연속성이나 당신이 알고 있는 그 어떤 법칙으로도 설명할 수 없는 변칙의 존재에 당신이 주목하게 만들기 전에는, 나는 당신에게 아무것도 설명할 수 없다. 자신이 틀린 것이 아닌지 의심하기 전에는 당신은 내 설명에 귀를 기울이지 않을 것이다.

물론 이러한 의심은 대개 사소한 것이라, 관점을 약간만 조정하는 것으로 그치며 관점 자체에 대한 의심을 불러일으키지는 않는다. 그러나 중대한 도전은 몹시 심각하여 논의나 설명을 다듬는 것으로는 불충분하다. 그러한 것은 전면적이고 완전한 거부 내지는 개종을 요구한다. 단순히 관점을 조정하는 것으로는 마니교에서 기독교로, 라마르크주의에서 다윈주의로 넘어가지 못한다. 참된 개종은 새로운 관객의 선택, 즉 새로운 세계의 선택으로 이루어진다. 한때 친숙했던 모든 것이 이제는 놀랍도록 새로운 방식으로 보이게 되는 것이다.

개종은 연극적이므로, 한 세계에서 다른 세계로 이행하는 과정에 어느 정도 선택이 개입된다는 사실을 망각하고 만다. 급진적인 개종은 그 자의성에 특히 더 눈을 감는다. 고대의 가장 유명한 개종자인 아우구스티누스는, 그토록 많은 거짓에 그렇게나 확고히 사로잡혀 있었다는 사실에 곤혹스러워했다. 너무나 많은 진실이 있다는 것에는 크게 놀라지 않았다. 그의 개종은 설명에서 내러티브로가 아닌, 하나의 설명에서 다른 설명으로의 전향이었다. 그가 이교도에서 기독교도로 가는 선을 넘었을 때 그는 더 이상의 도전이 없을 진리의 영토에 도달했다.

설명은 저항하는 청중에게 그들의 오류를 납득시켜야만 성공한다. 당신이 당신 자신의 진실을 의심하기 전까지는 나의 설명을 듣지 않는 것처럼, 당신의 오류를 납득하기 전까지는 나의 설명을 받아들이지 않을 것이다. 설명은 상대를 패배시킴으로써 성공하는 적대적인 싸움이다. 거기에는 다른 유한 게임에서 동일하게 발견되는 원망의 역학이 있다. 나는 당신에게 나의 설명을 밀어붙일 것이다. 내가 생각하기에 다른 사람들이 내가 빠져 있다고 여기는 오류 속에 내가 살고 있지 않음을 나는 보여 줘야 하기 때문이다.

이 투쟁에서 이기는 사람은 참된 지식을 가지고 있다고 주장할 특권을 가진다. 지식에는 이미 이르렀고, 그것은 이 교전의 결과다. 그 싸움의 승자는 확실한 사실을 진술할 수 있는, 논란의 여지가 없는 힘을 가진다. 그의 말은 귀담아들어야 하며, 그는 종결된 그 경쟁에 적합한 분야에서는 더 이상 도전할 수 없는 지식을 소유한다.

그러므로 지식은 재산과 같다. 공표되고 선언되어야 하며, 다른 사람들이 고려하지 않을 수 없도록 다른 어떤 방식으로 전시되어야 한다. 또한 그것은 다른 사람들의 앞을 가로막아야 한다. 그것은 상징적이기에, 시간을 거슬러 올라가 그 소유자의 경쟁 기술을 가리켜야 한다.

지식과 재산은 긴밀하므로 흔히 이어진 것으로 여겨진다. 지식에 대한 권리를 가진 이들은 재산도 주어져야 한다고 느끼고, 재산권이 있는 이들은 어떤 지식이 그에 딸려 온다고 믿는다. 학자들은 출판 가능한 성과를 거두면 더 높은 봉급을 요구하고, 실업가들은 대학 이사회에 자리를 차지한다.

75 •

설명에 성공하기 위해 자연의 침묵을 망각해야 한다면, 성공하게 되는 경우에는 그 설명을 듣는 이들에게도 침묵을 강요해야만 한다. 강요된 침묵은 마스터 플레이어의 승리의 첫 번째 결과다.

타이틀로 얻는 것은, 권위 있는 말이라는 특권이다. 그 특권은 모든 타이틀에 붙는 최고의 영예다. 우리가 승자에게 기대하는 첫 번째 행위는 말이다. 패자의 첫 번째 행위 역시 말일 수 있으나 그것은 상대의 승리를 인정하는, 더 이상의 도전은 없을 것임을 승자에게 선언하는 말일 것이다. 즉 패자의 침묵을 약속하는 말이다.

패자 스스로 서약하는 침묵은 순종의 침묵이다. 패자는 할 말이 없으며, 그의 말에 귀를 기울일 관객도 없다. 패한 이는 사실상 승자와 뜻을 같이한다. 대항 능력이 전무하므로 그 어떤 다름도 없다.

승리한 자는 패배한 자와 말을 나누지 않는다. 승자는 패자를 대신해 말한다. 유한 가정에서는 남편이 아내를 대변하고, 부모가 자식을 대변한다. 왕은 왕국을 대변하고, 주지사는 주를 대변하고, 교황은 교회를 대변한다. 사실상 타이틀을 가진 사람은 타이틀을 가졌기에 누구와도 말을 나눌 수 없다.

승자의 힘은 주로 권위 있는 말에 머문다. 강력하다는 것은 자신의 말에 복종하게 만든다는 것이다. 승자의 상징적 재산은 권위 있는 말에 의해서만 안전하게 보호받을 수 있다. 소유권을 가진 사람은 그의 상징에 대한 인정을 강요하기 위해 경찰을 부르고 군대를 소집할 수 있는 특권을 가진다.

신의 힘은 주로 신의 말을 통해 알려진다. "Sicut dixit dominus(주께서 이렇게 말씀하셨다)"는 항상 침묵의 의례적 신호다. 신의 말은 신의 힘을 완벽하게 표현할 수 있기에 신과 신의 말이 동일해진다. "태초에 말씀이 있었다. 그 말씀은 하나님과 함께였고, 그 말씀이 하나님이었다."

우리는 신 앞에서 말을 잃고, 승자 앞에서 입을 다문다. 우리가 할 말은 다른 사람들에게 더 이상 중요하지 않기 때문이다. 시합에서 지는 것은 고분고분해지는 것이고, 고분고분해지는 것은 자신의 말을 듣는 사람을 잃는 것이다. 순종의 침묵은 아무도 귀 기울이지 않아 생기는 침묵이며, 이는 죽음의 침묵이다. 따라서 순종을 요구하는 것은 본질적으로 사악하다.

자연의 침묵은 언어의 가능성이다. 신들은 자연을 억압함으로써 자연에 목소리를 주지만, 동시에 신들은 자연을 적으로 만들며 그들의 말을 듣는 모든 이들을 적으로 만든다. 즉 신들은 자연의 침묵을 거부함으로써 순종의 침묵을 요구한다. 따라서 자연의 말할 수 없음은 언어 자체의 말할 수 없음으로 바뀐다.

76 •

무한 말은, 자연의 말할 수 없음을 우리에게 끊임없이 상기시키는 담화 양식이다. 이는 사실상 주장을 담고 있지 않으며, 오로지 화자의 천재로부터 나온다. 그러므로 무한 말은 어떤 것에 관한 것이 아니다. 언제나 어떤 사람을 향한다. 그것은 명령이 아닌 말을 거는 것이고, 전적으로 말할 수 있는 이들의 것이다.

언어가 어떤 것에 관한 것이 아니라는 사실은, 언어에 메타포로서의 지위를 부여한다. 메타포는 그곳에 있는 무언가를 가리키지 않는다. 우리는 결코 이곳 혹은 다른 곳에서 햇빛 왕국의 황태자를 찾지 못할 것이다. 우리의 눈을 그곳에 있는 것으로 이끄는 것은 메타포의 역할이 아니다. 그곳에 있지 않은, 사실 그 어디에도 있을 수 없는 것으로 우리의 눈을 이끄는 것이 메타포의 역할이다. 메타포는 지평적이기에, 제한된 것은 우리의 시야이지 우리가 보고 있는 대상이 아님을 상기시킨다.

유한 화자의 담화의 의미는 그 발언에 선행하는 것에, 이미 그러하기에 말을 하든 안 하든 그러한 것에 있다.

무한 화자의 담화의 의미는 그 발언에서 나오는 것에, 그것이 말해지기 때문에 그러한 것에 있다.

유한 언어는 말해지기 이전에 완전하게 존재한다. 먼저 언어가 있고, 그다음 우리는 그것을 말하는 법을 배우는 것이다. 무한 언어는 그것이 말해질 때에만 존재한다. 우리가 말하는 것을 배울 때 처음으로 언어가 존재하는 것이다. 무한 담화가 항상 완벽한 침묵에서 나온다는 것은 이러한 의미에서다.

유한 화자들은 이미 훈련되고 리허설을 거친 목소리로 말을 한다. 그들은 언어를 말할 수 있기 전에 그들이 언어로 무엇을 하고 있는지를 알아야만 한다. 무한 화자들이 무슨 말을 했는지 알기 위해선 먼저 청중이 그들의 언어로 무엇을 하는지 두고 봐야만 한다. 무한 말은 화자가 이미 알고 있는 것을 청자가 알게 되길 기대하지 않으며, 청자의 반응이 없었다면 화자가 가질 수 없었던 비전을 공유하길 기대한다.

화자와 청자가 서로를 이해하는 것은 그들이 무언가에 관해 동일한 지식을 가져서도, 마음의 유사성을 확립해서도 아니고, 서로가 "계속하는 법"(비트겐슈타인)을 알기 때문이다.

77 •

무한 연설은 청중의 반응에 주의를 기울이는 연설이기 때문에 경청의 형태를 띤다. 청자의 순종적 침묵으로 끝나지 않고, 화자의 주의 깊은 침묵을 통해 계속된다. 다시 말해 말이 죽어 버리는 침묵이 아닌, 말이 태어나는 침묵이다.

무한 화자는 다른 사람에게 말을 하는 것이 아니라 다른 사람으로부터 말을 받는다. 그러므로 무한 화자는 청중으로서의 세계에 호소하는 것, 즉 세계 앞에서 말하는 것이 아니라 자신이 다른 사람들과 대화하는 방식으로 관객으로서 나선다. 유한 연설은 다른 사람에게 세계에 관해 알려 주며, 이는 들으라고 하는 말이다. 무한 연설은 타자에 대한 하나의 세계를 형성하고, 이는 듣기 위해 하는 말이다.

따라서 신들은, 그들이 이 세계의 지배자로서 말하는 한 이 세계 앞에서 권위를 가지고 말하며, 그러한 까닭에 그 말을 바꿀 수가 없다. 신들은 세계를 창조할 수 없으며 그저 한 세계의 창조물일 뿐, 우상일 뿐인 것이다. 신은 세계를 창조할 수 없고 세계 안에서 권위를 보일 수 있을 뿐이다. "그럴 힘이 있을 때마다 신성을 명령하는 것으로 나타내는 종교는 거짓으로 보인다. 그러한 종교는 일신교라 할지라도 우상 숭배다"(베유).

신은 오직 경청에 의해서만 세계를 창조할 수 있다.

신들이 우리에게 말을 건다면, 그것은 그들의 말로 우리를 침묵케 하려는 것이 아닌 그들의 침묵으로 우리를 말하게 하려는 것이리라.

유한 말의 모순은 듣는 것으로 끝나야 한다는 것이다. 무한 말의 역설은 그것이 청취의 한 방식에 불과하므로 계속된다는 것이다. 유한 말은 종결의 침묵으로 끝나고, 무한 말은 침묵의 노출로 시작한다.

78 •

이야기꾼들은 청중을 개종시키지 않으며, 청중을 진리의 영토로 옮기지 않는다. 참과 거짓의 문제를 완전히 무시한 채 비전만을 제시한다. 그러므로 이야기를 하는 것이 전투적이지 않고, 성공하거나 실패하지 않는다. 이야기에는 복종할 수 없다. 하나의 지식 체계에 반대해 다른 지식 체계를 세우는 대신, 이야기꾼은 지식에서 사고로, 바라보기라는 한정된 방식에서 보기라는 지평적 방식으로 돌아오도록 우리를 초대한다.

무한 화자들은 역사적인 것들 속에 자리한 플라톤의 포이에타이다. 이야기꾼들은 그들의 이야기가 실제 사람들에 관한 일화로 가득 차 있거나 그들 자신이 이야기의 인물로 등장할 때가 아니라, 우리가 그들의 이야기에서 우리 삶의 내러티브적인 성격을 보기 시작할 때 역사적인 것들 속에 포함된다. 일련의 우연적 경험이라고 여겼던 것이 돌연 미정의 극적인 내러티브 형태를 취한다.

구조나 플롯이 없는 내러티브는 없다. 위대한 이야기에서 이러한 구조는 운명처럼, 아직 의식하지 못하는 그 이야기 속 영웅들에게 내려지는 피할 수 없는 판결처럼, 선택의 여지를 모조리 없애 버리는 거대한 형이상학적 인과율처럼 보인다. 운명은 우리의 자유에 대한 제약이 아니라 우리의 자유의 표시로서, 선택이 결과적으로 이루어진다는 증거로서 나타난다. 당신의 자유의 행사는 나의 자유의 행사를 막을 수는 없지만, 내가 자유롭게 행동해야 할 맥락을 결정할 수는 있다. 당신이 나를 대신해 선택을 할 수는 없지만, 나의 선택이 대체로 무엇에 관한 것일지는 결정할 수 있다. 위대한 이야기들은, 한 사람의 자유인이 이처럼 다른 사람에 의해 깊이 접촉되는 드라마를 탐구한다. 그러므로 그러한 이야기들은, 기원의 마법으로 우리를 다시금 놀라게 하는 진정한 성의 드라마들이다.

오이디푸스 신화는, 운명과 기원의 극적인 관계를 펼쳐 보이는 수많은 서구 문화유산의 위대한 성적 내러티브 중 하나다. 오이디푸스는 자신의 아버지인 줄도 모르고 충동적으로 라이오스를 죽이게 되는데, 일이 벌어지자 그는 야망과 정욕에 이끌려 누군지도 모르고 죽인 남자의 아내와 결혼을 한다. 우리는 이를 운명으로도 읽을 수 있고, 또 다른 행위로 이끄는 고의적 행위로도 읽을 수 있다. 오이디푸스는 종국적인 수를 쓰는 마스터 플레이어의 자세를 취했으나, 그 수는 종국적이지 않았다. 오이디푸스는 아무것도 끝내지 못한다. 일종의 종결의 제스처로 의도된, 자신의 눈을 멀게 한 행위조차도 그를 더 높은 시야로 이끌 뿐이다. 오이디푸스가 본 것은 신들이 그에게 한 짓이 아니라 그가 자신에게 한 짓이다. 그에게 있어 제한되었던 것은 그의 시야이지, 그가 보고 있었던 대상이 아니다. 그의 실명失明은 베일 벗기기이며, 모든 베일 벗기기가 그렇듯 그것은 자기 베일 벗기기다. 결국 다름 아닌 그 자신의 천재에 맞닥뜨리며, 오이디푸스는 마침내 접촉할 수 있게 된다. 그의 이야기의 끝은 시작이다.

이 이야기를 역사적인 것으로 끌어 올리는 지점은, 오이디푸스가 본다는 점뿐만 아니라 그가 보는 것을 우리가 본다는 점이다. 우리는 우리가 듣고 있음을, 그럼으로써 기원의 확장된 드라마에 참여하고 있음을 보는 청취자가 된다. 여기서는 아무것도 설명되지 않는다. 다만 우리는 모든 것이 여전히 말해지고 있음을 보고 있는 것이다.

79 ·

우리는 우리의 삶이 내러티브의 성격을 가진다는 것을 알기 때문에, 그 내러티브가 어떤 것인지를 안다고도 가정할 위험이 있다. 만일 내가 내 삶의 이야기를 전부 안다고 한다면, 내가 그것을 다시 설명으로 번역했기 때문일 것이다. 그것은 마치 나 자신의 관객이 되어 시작 장면과 마지막 장면을 동시에 보는 것, 내 인생 전체를 볼 수 있는 것과 같다. 그렇게 하면 나는 내 삶을 사는 것이 아니라 연기를 하게 될 것이다.

사회 이론가들은 한 문명의 이야기를 안다고 믿고 싶은 유혹에 이끌린다. 그들은 그 문명이 승리하거나 패배하는 마지막 장면을 대본으로 쓸 수 있다. 사람들이 따르는 발견된 행동 법칙이, 사람들이 따르지 않으면 안 되는 대본이 있는 행동 법칙이 되는 것은 그러한 역사 종언적 사고를 통해서다.

진정한 이야기꾼들은 그들 자신의 이야기를 알지 못한다. 그들의 포이에시스에서 그들이 듣는 것은 종결이 있는 곳마다 새로운 시작의 가능성이 있다는 사실, 그들이 플레이의 끝에서가 아닌 그 과정에서 죽는다는 사실의 폭로다. 그들은 다른 사람의 이야기 또한 전부 알지 못한다. 역사가들의 주된 과업은 모든 문화적 종결을 여는 것이고, 우리가 끝났다고 가정한 곳에서 연속성을 드러내는 것이며, 어느 누구의 삶도, 그 어떤 문화도 포이에마를 알 듯 알 수는 없고, 그저 포이에시스를 배우듯 배울 수 있을 뿐임을 우리에게 상기시키는 것이다.

역사가는 자유로서 시작한 일이 필연으로 끝날 수 없다는 사실을 확인하게 될 때 무한 화자가 된다.

6장

우리는 사회적 이유로 자연을 통제한다

We Control Nature for Societal Reasons

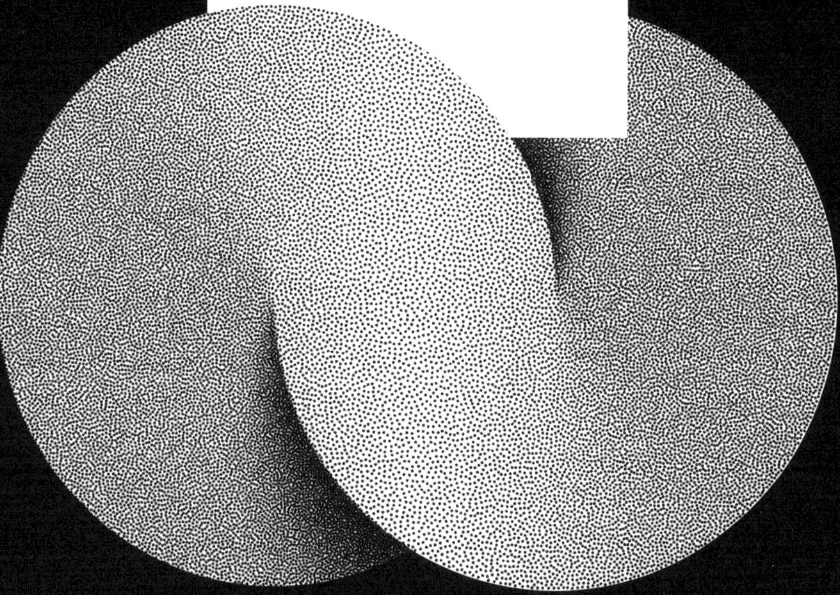

80・

우리는 사회적 이유로 자연을 통제한다. 자연에 대한 통제는 자연 과정의 결과를 예측할 수 있는 우리의 능력으로 향상된다. 예측이란 거꾸로 된 설명, 즉 역逆설명에 지나지 않으므로 설명만큼 전투적일 수 있다. 사실상 예측은 가장 고도로 발달된 마스터 플레이어의 기술이다. 그 기술 없이는 상대를 통제하기가 한층 어렵기 때문이다. 그러므로 자연에 대한 우리의 지배는 어떤 자연적 결과가 아닌, 어떤 사회적 결과를 얻기 위한 것이다.

소규모 물리학자 집단이 극도로 추상적이라는 계산을 통해, 열핵폭탄의 제조로 이어진 예측 가능한 아원자 반응의 순서를 밝혀냈다. 그 폭탄의 성공적인 폭발이 물리학자들의 예측을 증명한 것은 사실이지만, 우리가 그 폭탄을 터뜨렸던 것은 그들이 옳음을 증명하기 위함이 아니었다는 것 또한 사실이다. 우리는 수백만 명의 사람들의 행동을 통제하고, 그들과의 관계를 어떠한 방식으로 종결짓기 위해 폭탄을 터뜨렸던 것이다.

이 예가 보여 주는 것은 우리가 자연에 힘을 행사할 수 있다는 것이 아니라, 그렇게 하려는 우리의 시도 이면에 우리 서로에 대한 권력욕이 숨어 있다는 것이다. 이는 자연에 대한 우리의 태도에 있어 힘의 전략을 포기하는 문화적 결과에 대한 문제를 제기한다.

자연을 대하는 대안적 태도들은 대략 다음과 같이 말할 수 있다. 기본적으로 우리의 이익에 해롭게 설계된 적대적 타자로서 자연에 접근하면 그 결과는 기계다. 반면 인식할 수 있는 가장 심오한 자연 질서의 패턴과 조화를 이루도록, 우리 자신을 훈련하는 법을 배우는 방법으로서 자연에 접근하면 그 결과는 정원이다.

여기서 '기계'는 과학 기술의 예가 아니라 과학 기술을 포괄하는 것으로서, 과학 기술의 기계적 합리성에 주의를 끌기 위한 방법으로 사용된다. 우리는 재능 있는 발명가와 기술자들의 상상력에서 나온 과학 기술 장치들에 놀랄 수는 있지만, 과학 기술 그 자체에는 놀라울 것이 없다. 물리학자들이 만든 폭탄은 네안데르탈인들의 지렛대와 같이 철저히 기계적이다. 전부 계산 가능한 일련의 원인과 결과의 작용에 따른 것이다.

'정원'은 집 가장자리나 도시의 여유 공간에 있는 한정된 땅뙈기를 말하는 것이 아니다. 이는 우리가 그 옆에 사는 정원이 아니라 그 안에 사는 정원으로, 성장의 장소이자 자발성이 극대화된 곳이다. 정원 가꾸기는 취미나 오락으로 하는 일이 아닌 가능한 한 가장 광범위한 자연의 놀라움에 적응할 수 있는 문화를 디자인하는 일이다. 정원사들은 심오한 자연 질서 패턴에 예리한 관심을 기울이지만, 그들 시야 너머에 언제나 많은 것들이 놓여 있으리란 사실 또한 알고 있다. 정원을 가꾸는 일은 지평적인 활동이다.

기계와 정원이 서로 정반대되는 것은 아니다. 유한 게임을 무한 게임 안에서 할 수 있듯, 기계는 정원 내에 존재할 수 있다. 문제는 정원에서 기계를 제한하는 것이 아니라, 기계가 정원의 이익에 부합하는지 혹은 정원이 기계의 이익에 부합하는지를 묻는 것이다. 우리는 생산성이 높아 보이는, 일종의 기계화된 원예에 익숙하지만, 자세히 들여다보면 그것은 자연적 자발성을 장려하기 위한 것이 아니라 억제하기 위한 것이다.

81 ·

기계와 정원의 가장 근본적인 차이는, 기계는 외부에서 가져와야 하는 힘으로 작동하고 정원은 그 자체에서 생성된 에너지로 성장한다는 것이다.

확실히 무척이나 복잡한 기계들이 만들어졌다. 이를테면 우주에서 수개월을 버티며 복잡한 기능을 매우 정확하게 수행하는 우주선 같은 것들 말이다. 그러나 그 자체 내에 자발성의 원천을 지닌 기계는 만들어진 적도, 만들어질 수도 없다. 기계는 설계되고, 제작되고, 연료가 공급되어야만 한다.

정원은 분명 우리가 '생산물'로서 '키운' 먹거리라는 말을 할 수 있듯, 일련의 화학적이고 기술적인 전략으로 다룰 수 있다. 그러나 유기적 성장을 외부에서 강제할 수 있는 방법은 발견된 적도, 발견될 수도 없다. 비료나 제초제, 그리고 그 밖의 여러 가지 물질은 성장에 변경을 가하지는 못하지만 성장을 가능케 해준다. 그러한 것들은 성장과 조화를 이루도록 되어 있으며, 식물은 설계되거나 제작되지 않는다. 비록 우리가 영양이 풍부한 흙과 적당한 영양분의 형태로 식물에 '연료'를 주는 것처럼 보일지라도, 우리는 자체적인 생명력으로 그 연료를 이용하는 식물에 의존한다. 기계는 연료 공급과 소비 모두 그 설계자와 조작자에게 의존한다. 기계는 그 자체의 자발성이나, 생명력의 가장 미미한 흔적조차 없다. 생명력은 주어질 수는 없고, 발견될 수 있을 뿐이다.

82 •

자연은 밖이 없으므로 안 또한 없다. 자연은 그 자체 내에서 나뉘지 않으며, 그러한 까닭에 그 자체를 위해서나 그 자체에 반해서 사용될 수 없다. 자연 안에는 생명체와 무생명체의 본질적 대립 따위가 없으며, 어느 한쪽이 다른 쪽보다 더 자연스럽거나 더 부자연스럽지 않다. 이를테면 농약의 사용은 분명 선택된 유기체를 죽일 것이고 살아 있는 존재의 자발성을 저지할 테지만, 그렇다고 부자연스러운 행위는 아니다. 자연은 변화하지 않았다. 그 모든 변화는 자연 질서와 조화를 이루도록 우리가 우리 스스로를 훈련시키는 방법이다.

자연과 관련된 우리의 자유는, 자연을 바꿀 수 있는 자유가 아니다. 그것은 자연 현상을 지배하는 힘의 소유가 아니며, 우리 자신을 바꾸는 자유다. 생명력은 주어질 수 없고 발견될 수 있을 뿐이며, 주어진 자연이 지닌 자발성의 패턴은 존중됨을 넘어 찬양되어야 한다는 의식을 일으키는 문화를 디자인할 수 있는 완벽한 자유가 우리에게 있다.

'자연 질서'라는 말은 흔히 쓰는 표현이지만, 여기에는 무언가를 은폐하려는 특성이 있다. 조금 더 정확히 말하자면, 우리와 싸우고 있는 것은 자연 질서가 아니라 환원 불가능한 자연의 자발성이다. 자연은 밖도 안도 없다는 것, 자연은 그 어떤 저항도 겪지 않는다는 것, 자연은 부자연스러운 영향에 의해 움직이지 않는다는 것은, 질서의 표시라기보다는 문화적인 모든 문제에 대한 자연의 철저한 무관심의 표시다.

자연의 움직임의 근원은 항상 그 자체에서 비롯된다. 정말로 그 자체에서 말이다. 그리고 그것은 우리 자신의 움직임의 근원과는 근본적으로 다르다. 이는 질서가 없으므로 자연은 혼돈 상태라는 말이 아니다. 자연은 혼돈 상태도 아니고, 질서 정연하지도 않다. 혼돈과 질서는 자연에 대한 문화적 경험을, 다시 말해 자연의 냉담한 자발성이 우리의 현행 문화적 자기 통제 방식과 일치하지 않은 것처럼 보이는 정도를 묘사한다. 허리케인이나 전염병, 지구의 인구 과잉은, 그러한 것들로 인해 그들의 문화적 기대가 손상되거나 그들의 예상이 정연하게 확증된 사람들에게는 혼돈처럼 보일 것이다.

83 •

자연에 대한 우리의 관계에서의 역설은, 문화가 자연의 무관심을 더욱 깊이 존중할수록 문화는 그에 대응해 더욱더 창조적으로 그 자체의 자발성을 요구한다는 것이다. 우리는 자연에 그 어떤 부자연스러운 영향도 끼칠 수 없다는 사실을 더 분명히 상기할수록, 우리의 문화는 놀라움과 예측 불가능성을 포용하는 자유를 더 많이 구현하게 된다.

인간의 자유는 자연에 대한 자유가 아니다. 자연스러울 자유, 즉 자연의 자발성에 우리 자신의 자발성으로 응답할 자유다. 비록 우리에게 자연스러울 자유가 있다 할지라도 우리는 자연적으로 자유로운 것이 아니라 문화적으로, 역사적으로 자유로운 것이다.

자연에 대한 우리의 관계에서의 모순은, 우리가 우리 자신의 설계에 자연을 일치시키고자 강제할수록 우리는 자연의 무관심에 더욱더 종속되고 자연의 눈먼 힘에 더욱더 취약해진다는 것이다. 우리가 자연 과정에 더 많은 힘을 행사할수록 우리는 자연 앞에서 더욱더 무력해진다. 우리는 자라는 데 수만 년이 걸린 열대 우림을 몇 달 만에 베어 버릴 수 있지만, 그로 인해 들어서는 사막을 물리치는 데는 무력하다. 그리고 사막은 물론 숲 못지않게 자연스럽다.

84 •

그러한 모순은 기계의 문제에 있어서 가장 명백하다. 우리는 자연 현상에 대한 우리의 힘을, 즉 우리의 통제력을 강화하기 위해 기계를 사용한다. 손가락 끝으로 조종 장치를 작동하는 데 필요한 힘만으로, 일단의 노동자들이 산과 울창한 숲을 통과하는 6차선 고속도로를 뚫거나 습지를 메워 쇼핑몰들을 세울 수 있다.

그러한 작업에서 기계는 조작자에게 큰 도움이 되지만, 동시에 조작자를 훈련시키기도 한다. 기계는 작업자의 팔과 다리의 연장으로 간주될 수 있으므로, 작업자는 기계의 연장으로 간주될 수도 있다. 모든 기계, 특히 매우 복잡한 기계는 조작자에게 규정된 장소에 위치해 있기를, 그리고 기계의 기능에 적합한 기능을 기계적으로 수행하기를 요구한다. 통제를 위해 기계를 사용함으로써 기계에 의해 통제되는 것이다.

기계를 조작하려면 기계처럼 움직여야 한다. 우리는 우리가 할 수 없는 일을 하기 위해 기계를 사용하면서, 기계가 하는 일을 해야만 하는 것이다.

물론 우리가 기계를 조작한다고 해서 기계가 우리를 기계로 만들지는 않는다. 우리가 기계를 조작하기 위해 우리 자신을 기계로 만드는 것이다. 기계는 우리에게서 우리의 자발성을 훔치지는 않는다. 우리 스스로가 그것을 한쪽으로 치워 버리고 우리의 독창성을 부인하는 것이다. 기계를 조작하는 데 스타일은 없다. 효율적인 기계일수록 우리는 그 기계를 조작하며 우리의 고유성을 제한당하거나 빼앗긴다.

사실상 우리는 조작 스타일이 조작자에게 속하는 것이 아니라 기계에 내재되어 있다고 생각하게 된다. 광고주와 제조업체들은 그들의 제품에 대해 마치 그들이 스타일을 디자인해 내장해 놓은 것처럼 말한다. 대부분의 소비재 제품들은 실제로 소비자의 활동이나 취향을 표준화하므로 '스타일링'되어 있다. 우리는 다른 사람들도 구입한다는 이유로 '스타일이 있는' 제품을 구입하라고 재촉받는다. 다시 말해 우리는 우리의 천재를 포기함으로써 우리의 천재를 표현하도록 요구받는 것이다. 이는 완전한 모순이다.

우리는 우리의 자유의 폭을 확대할 수 있다는 믿음에서 기계를 사용하지만, 실상은 그 폭을 단지 줄이기만 하므로 우리는 우리 자신에 반하여 기계를 사용한다고 할 수 있다.

85 ·

기계는 또 다른 방식으로도 모순적이다. 우리가 우리 자신에 반해 기계를 사용하듯, 우리 또한 기계 자체에 반해 기계를 사용한다. 기계는 어떤 일을 하는 방법이 아니라, 어떤 일을 하지 못하도록 방해하는 존재다.

원하는 것을 성취하기 위해 기계를 사용할 때 우리는 그 기계에서 손을 떼기 전까지는, 우리가 의도한 결과를 손에 넣게 해 줄 기계적 수단에서 벗어나기 전까지는 원하는 바를 얻을 수가 없다. 그러므로 과학 기술의 목표는 그 자체를 제거하는 것, 조용해지는 것, 보이지 않게 되는 것, 근심하지 않는 것이다.

이를테면 우리는 단지 어느 기계를 소유하기 위해 자동차를 구입하지는 않는다. 실제로 우리가 사는 것은 기계가 아닌 그것을 통해 우리가 가질 수 있는 무언가다. 다시 말해 우리를 신속하게 한 장소에서 다른 장소로 실어 나르는 수단, 다른 사람들이 선망하는 물건, 날씨로부터의 보호와 같은 것 말이다. 마찬가지로 라디오는 장비로서만 존재해서는 안 되며, 소리가 되어야 한다. 완벽한 라디오는 그 자체에 주의를 끌지 않고, 우리가 바로 그 소리의 현장에 있는 것처럼 느끼게 만든다. 또한 우리는 영화 화면을 보는 것도 아니고 텔레비전을 보는 것도 아니다. 우리가 보는 것은 텔레비전상에 있는 것이나 영화 속에 있는 것이며, 화면이 초점이 맞지 않거나 브라운관이 고장 나는 등 장치가 끼어들게 되면 우리는 심기가 불편해진다.

기계가 완벽하게 기능할 때, 기계는 더 이상 그곳에 존재하지 않는다. 그리고 우리 역시 그렇다. 라디오와 영화는 우리가 있지 않은 곳에 우리를 있게 해 주며, 우리가 있는 곳에 우리를 있지 않게 해 준다. 나아가 기계는 은폐적이다. 기계는 굉장히 효율적인 행동처럼 보이는 것 아래 감춘 우리의 무위를 우리 자신에게 은폐하는 방법이다. 우리는 자동차 운전석에 편안하게 앉아 온갖 불쾌한 날씨 변화로부터 보호를 받으며, 발을 1인치에서 2인치 가량 올렸다 내렸다 하고는 실제로 어딘가로 여행을 다녀왔다고 믿는다.

그러한 여행은 우리가 낯선 공간을 통과하는 것이 아니라, 우리가 소유한 공간 안에 있는 것이다. 우리는 우리의 출발 지점으로부터 움직이는 것이 아니라, 우리의 출발 지점과 함께 움직인다. 우리의 거실에 있는 의자들과 거의 차이가 없는 푹신푹신한 좌석이 달린 자동차로, 거실에서 공항 대기실로 그리고 동일한 종류의 가구를 제공받는 비행기로 옮겨지는 것은 우리의 출발점을 데려가는 것이다. 이는 집을 떠나지 않고 집을 떠난 것이며, 어디서든 집에 있다는 것은 공간을 중립화하는 것이다.

따라서 여행에서는 시간을 단축하는 일이 중요해진다. 가능한 한 빨리 도착하면 떠난 것처럼 느낄 필요가 전혀 없다. 공간도 시간도 우리에게 영향을 미칠 수 없다. 마치 우리가 공간과 시간에 속한 것이 아니라 공간과 시간이 우리에게 속한 것처럼 말이다.

우리는 차를 타고 어딘가로 이동하는 것이 아니라, 차를 타고 어딘가에 도착한다. 자동차는 여행을 가능케 해 주지는 않지만, 여행하지 않고도 장소를 옮길 수 있게 해 준다.

따라서 기계는 연극적이다. 그러한 움직임은 장면 변화에 불과하다. 효과적일 경우 기계는 악천후나 다른 여행자들, 우리가 여행하는 고장이나 그곳에 살고 있는 사람들과 접촉하지 않도록 해 줄 것이다. 우리는 눈에 띄지 않고 볼 수 있으며, 접촉되지 않고 움직일 수 있다.

의사소통 기술은 가장 효과적일 때 역사와 다른 사람들의 경험을 우리의 가정으로 가져올 수 있게 해 주지만, 우리의 가정을 바꾸지는 않는다. 여행 기술은 가장 효과적일 때 집에서와 같이 편안하게 다른 사람들의 역사를 통과할 수 있게 해 주지만, 그들의 역사를 바꾸지는 않는다.

기계는 가장 효과적일 때, 아무런 효과가 없다.

86 •

또 다른 방식으로도 기계는 모순적이다. 우리는 기계 자체에 반해 그리고 우리 자신에 반해 기계를 사용하는 동시에 우리 서로에 반해서도 기계를 사용한다.

나는 다른 사람과 함께 사용하지 않고서는 기계를 사용할 수 없다. 나는 전화에게 말하는 것이 아닌 전화에 대고 어떤 사람과 말을 한다. 나는 라디오에서 누군가의 말을 듣고, 차를 운전해 친구를 만나러 가고, 컴퓨터로 사업 거래를 한다. 당신과 나의 연계가 그러한 기계에 의존하는 만큼, 그 연결 매체는 우리 각자를 그 자체의 연장으로 만든다. 만약 당신의 사업 활동이 내 컴퓨터가 인식할 수 있는 데이터로 변환될 수 없다면 나는 당신과 거래를 할 수 없다. 만약 당신이 내가 차를 타고 가서 만날 수 있는 곳에 살지 않는다면 나는 다른 친구를 찾을 것이다. 각각의 경우 나와 당신의 관계는 나의 요구가 아닌 내 기계의 요구에 의존한다.

만일 기계를 조작하는 것이 기계처럼 작동하는 것이라면, 우리는 서로를 기계처럼 조작할 뿐만 아니라 서로 기계처럼 작동한다. 또한 기계는 효과가 없을 때 가장 효과적이라고 한다면, 우리는 바라던 결과에 도달하는 방식으로, 다시 말해 아무 일도 일어나지 않는 방식으로 서로 작동한다.

기계에 매개된 관계에 내재하는 적대성은 모든 기계 가운데 가장 연극적인 기계, 즉 전쟁 도구의 사용에서 가장 명백하다. 모든 무기는 우리 자신에게는 영향을 주지 않고 다른 사람들에게 영향을 주도록, 그들이 우리의 통제 하에 있는 기술에 책임을 지도록 설계된다. 무기는 플레이를 최대화하는 방식이 아니라 제거해 버리는 방식으로 설계된 유한 게임의 장비다. 무기는 시합에서 이기기 위한 것이 아니라 시합을 끝내기 위한 것이다. 킬러들은 승자가 아니다. 그들은 경쟁자가 없는 경쟁자, 게임이 없는 플레이어, 살아 있는 모순이다.

특히 현대의 항공 전자 무기류가 그러하다. 그러한 무기는 조작자가 버튼이나 다이얼, 레버, 레이더 스크린상의 영상, 컴퓨터 데이터와 같은 기술만을 다루지, 절대로 보이지 않는 적을 상대하지 않는다. 사실상 현대의 대량 살육 기계들은 적들이 아직 보이지 않는 상태에서만 적을 공격하기 위한 것이기에 드라마가 지나치게 결여되어 있다. 이는, 적은 적이기에 보이지 않는 것이 아니라 보이지 않기에 적이라는 믿음에서 극단적인 형태에 도달한다.

죽음의 도구성에는, 보이지 않는 것을 보이지 않기에 죽이는 것으로 이끄는 논리가 존재한다. 공격자는 다른 사람의 독립적인 존재를 묵인할 수 없으므로 가장 조잡한 창이나 칼을 치켜든다. 타자를 타자로 볼 수 없기 때문이다. 우리 우정의 조건이 당신의 순조로운 전화 사용이라고 우기듯, 나는 내 손 안의 무기가 그에 저항할 수 있는 타자를 발견하지 않고 기능하기를 기대할 것이다. 킬러들은 그들의 삶이 열려 있다는 생각, 그들의 역사가 끝나지 않는다는 생각, 그들의 자유는 항상 다른 사람들과 함께하는 자유이지 다른 사람들을 지배하는 자유가 아니라는 생각, 제한된 것은 그들의 시야이지 그들이 보고 있는 대상이 아니라는 생각 따위는 추호도 하지 못한다.

원거리 대량 학살 기술이 극도로 정교해졌다는 사실은, 고도로 훈련된 조작자들을 몽둥이를 휘두르던 원시인들보다 문화적으로 발전시키지 못하며, 원시인에게서는 초보적인 것에 불과하던 맹목성을 완성시킨다. 그것은 비전에 대한 원망의 지고의 승리이고, 우리는 보이지 않는 이들을 죽이는 눈먼 자들이다.

기계를 사용하는 모든 사람이 킬러인 것은 아니다. 그러나 자연의 무관심에 자연에 대한 무관심으로 대응하려는 우리의 시도에서 기계가 사용될 때, 우리는 가장 문명화된 나라들이 저지른, 20세기의 가장 엄청난 범죄들을 초래한 바로 그 사람들에 대한 무관심을 습득하기 시작했다.

87 •

자연에 대한 무관심이 기계로 이어진다면, 자연의 무관심은 정원으로 이어진다. 모든 문화는 정원 가꾸기 형태를 띤다. 즉 자신의 자발성으로 다른 이들의 자발성을 장려하고, 근원을 존중하며, 근원을 자원으로 전환하길 거부하는 특성이 있다.

정원사들은 동물을 도살하지 않으며, 아무것도 죽이지 않는다. 과일, 씨, 채소, 견과, 곡물, 풀, 뿌리, 꽃, 허브, 베리는 익으면, 그리고 정원의 생명력을 높이고 지속시키는 데 이익이 되면 수확된다. 수확은 근원을 존중하고 착취하지 않으며, 있는 그대로의 모습을 허용한다.

동물은 수확할 수 없다. 동물은 성숙하지만 '익지'는 않는다.

동물은 생명력의 사이클이 완료되었을 때가 아닌 정점에 이르렀을 때 죽임을 당한다. 유한 정원사, 농업을 상업으로 바꾸어버린 유한 정원사들은 동물을(아니, 육류 제품을) '사육' 내지 '생산'한다. 마치 기계로 그리하듯 말이다. 축산은 과학이며, 성장을 통제하는 방법이다. 그것은 동물이 우리의 것이라고 가정한다. 그들 안의 근원인 것을 우리를 위한 자원으로 보는 것이다. 소는 살을 단단하게 만들 운동을 하지 못하도록 우리에 가둔다. 거위는 살찐 간을 얻기 위해 도살할 때까지 발을 바닥에 못 박아 기계처럼 강제로 먹인다.

기계가 조작자를 변화시키지 않고 변화를 일으키는 것이라면, 정원 가꾸기는 작업자를 바꿔 놓는다. 자동차는 우리가 운전하는 법을 배우는 대상이지만, 정원사는 우리가 그 존재로 변화하는 대상이다.

원예는 결과 지향적이지 않다. 성공적인 수확은 정원의 존재의 끝이 아니라 한 단계일 뿐이다. 정원사라면 모두가 알고 있듯 정원의 생명력은 수확으로 끝나지 않는다. 그저 다른 형태를 취할 뿐이다. 정원은 겨울에 '죽는 것'이 아니라 조용히 또 다른 계절을 준비한다.

정원사들은 다양성, 다름, 자발성을 찬양한다. 그들은 스타일의 풍요가 생명력에 이롭다는 것을 이해한다. 이를테면 토양의 유기 성분이 복잡할수록, 다시 말해 변화의 원천이 많을수록 생명력은 강해진다. 성장이 성장을 촉진하는 것이다.

문화 역시 그렇다. 무한 게임 플레이어들은 문화의 활력이 그 원천의 다양성, 한 문화 내에 존재하는 서로 다른 차이들과 관련이 있다는 것을 이해한다. 누군가가 강해지기 위해 다른 사람의 독특함과 놀라움이 억압되지 않는다. 당신 안의 천재는 내 안의 천재를 자극한다.

기계는 효과적으로 작동시키면 아무런 역할도 담당하지 않는 결과를 남기며 사라진다. 정원은 창조적으로 가꾸면 정원의 생명력의 모든 원천이 수확으로 나타나며, 우리가 적극적인 역할을 담당하는 연속성을 낳는다.

88 ·

정원은 수확으로 끝나지 않고 어느 결과를 위해 연출되지 않기에, 우리는 정원 어디에도 이르지 못한다.

정원은 성장이 발견되는 곳으로, 그 자체의 변화의 원천이 있다. 사람은 정원에 변화를 가져오지 않고 변화를 위해 준비된, 그러므로 변화할 준비가 된 정원으로 온다. 성장은 성장으로만 대할 수 있다. 진정한 부모는 자녀를 특정한 방식으로, 즉 선호하는 방식이나 대본에 따른 단계에 따라 키우려고만 하지 않고, 자녀들과 함께 성장하고자 한다. 자녀의 양육이 진정으로 극적이라면, 안에서부터 끊임없이 변화해야만 한다. 아이들은 안에서부터 변하기 때문이다. 가르치는 것도, 함께 일하는 것도, 서로 사랑하는 것도 마찬가지다.

진정한 여행이 무엇인지를 알게 되는 것은 정원에서다. 우리는 정원으로 여행을 떠나는 것이 아니라 정원을 통해 여행한다.

진정한 여행은 목적지가 없다. 여행자들은 어딘가로 가는 것이 아니라, 그 자신이 어딘가 다른 곳에 있음을 끊임없이 발견한다. 정원 가꾸기는 자연의 무관심을 제압하는 방식이 아니라 자연의 무관심한 변덕과 예측 불가능성에 대응하기 위해 우리 자신의 자발성을 키우는 방식이므로, 우리는 자연을 변화하는 장면들의 연속으로 보는 것이 아닌 우리 자신을 통과하는 사람으로 본다.

자연은 변하지 않는다. 자연은 안도 밖도 없기에 자연을 통과해 여행하는 일은 불가능하다. 그러므로 모든 여행은 여행자 내면의 변화이며, 그렇게 여행자는 항상 다른 곳에 있는 것이다. 여행을 하는 것은 성장하는 것이다.

진정한 여행자는 거리를 극복하기 위해서가 아니라, 거리를 발견하기 위해서 여행을 한다. 여행을 필요하게 만드는 것은 거리가 아니다. 거리를 가능케 만드는 것이 여행이다. 거리는 대상들 사이의 측정 가능한 길이에 의해서가 아니라, 대상들 사이의 실제적 차이로 결정된다. 시카고와 애틀랜타 공항 주변의 모텔들은 도쿄와 프랑크푸르트 공항 근처의 모텔들과 거의 차이가 없으므로, 모든 본질적인 거리가 유사성 안에서 용해되고 만다. 진정으로 다른 것은 뚜렷하며, 비슷하지 않다. "유일하게 참된 여행은, 한 쌍의 같은 눈으로 백 개의 다른 땅을 여행하는 것이 아니라, 백 개의 다른 눈으로 같은 땅을 보는 것이리라"(프루스트).

자연의 자발성에 주의를 기울이는 정원사는, 다름을 보는 재능을 획득해 항상 식물의 성장이나 토양의 구성, 곤충이나 지렁이의 출현 개체 수의 아주 미미한 변화에도 주목한다. 자식의 가장 사소하고 미묘한 변화마저 포착하는 부모처럼, 학생들의 솜씨 혹은 지혜가 늘어난 흔적을 알아보는 교사처럼 정원사 또한 그렇다. 정원, 가정, 교실 등 인간이 모인 곳은 어디든 변화의 끝이 아닌 더 많은 변화를 가리키는 화살표만 관찰할 수 있을 것이다. 하지만 이처럼 관찰된 변화는 진정한 정원사들에게 있어 연극처럼 재미있는 것이 아니라, 새로운 미래를 향해 극적으로 열려 있는 것이다.

어디에서나 다름을 찾는 사람들, 지구를 근원으로 보는 사람들, 다른 사람들 안에 든 천재를 찬양하는 사람들, 놀라움에 대비하는 것이 아닌 놀랄 준비가 된 사람들도 마찬가지다. 따라서 소로우는 말했다. "나는 콩코드에서 먼 여행을 했다"고.

89 ·

기계는 외부로부터의 힘을 필요로 하기에, 기계를 사용하려면 항상 소모할 수 있는 동력을 찾아야 한다. 우리가 자연을 자원으로 생각할 때, 자연을 동력으로 쓸 자원으로 볼 수 있는 것이다. 우리가 기계에만 마음을 빼앗기면, 자연은 점점 더 필요한 물질의 저장고로 여겨진다. 대부분의 경우 자연이 우리의 기계에서 소모되기 위해 존재하는 물질의 양이 되는 것이다.

자연은 분할되지 않기에, 그 자체에 반하여 사용될 수 없다. 따라서 우리는 그것을 소모하거나 고갈시키지 않는다. 우리는 그저 현존하는 자발성의 패턴에 창조적으로 대응할 수 있는 우리의 능력을 감소시키는 방식으로, 우리의 사회적 패턴을 재배열할 뿐이다. 즉 사회적 표현을 사용하자면, 우리는 쓰레기를 만들어 낸다. 물론 쓰레기는 결코 부자연스럽지 않다. 문명의 쓰레기와 찌꺼기는 자연을 더럽히지 않고, 그것들 자체가 자연이다. 다만 사회가 그 자체의 목적을 위해 더 이상 착취할 수 없는 형태의 자연이다.

사회는 쓰레기를, 유감스러우나 불가피한 활동의 결과로 간주한다. 즉 우리의 필수품들을 만들고 남은 것으로 여긴다. 그러나 쓰레기는 우리가 만든 것의 결과가 아닌 우리가 만든 것 그 자체다. 플루토늄 폐기물은 원자력 산업의 간접적인 결과가 아니라 그 산업의 산물이다.

90 •

쓰레기는 폭로적이다. 우리가 우리 자신의 것임을 알고 있는 쓰레기 속에 서 있다는 것을 발견할 때, 우리는 그것이 우리가 만들기로 선택한 쓰레기라는 사실을, 그리고 그것을 만들기로 선택했으므로 그것을 만들지 않기로 선택할 수도 있었다는 사실 또한 알게 된다. 쓰레기는 폭로적이기 때문에 우리는 그것을 치우고 보이지 않는 곳에 둔다. 우리는 쓰레기를 처리할 수 있는 사람이 살지 않는 곳을 찾거나, 그러한 지역을 사람이 살 수 없는 곳이 될 때까지 우리의 쓰레기로 채운다. 번창하는 사회는 천연자원을 필사적으로 착취하므로 그만큼 많은 양의 쓰레기를 양산하고, 사람이 살지 않는 땅들은 금세 쓰레기로 넘쳐나 그 사회의 거주 지역마저 황폐한 땅으로 만들어 버릴 수 있다.

쓰레기는 폭로적이기에 눈에 띄지 않게 치워질 뿐 아니라 일종의 반反재산antiproperty, 즉 누구도 소유하지 않는 것으로 선언된다. 자연을 우리의 것인 양 취급하다 이내 그 누구의 것도 아닌 것처럼 취급해야만 한다는 것 역시 쓰레기 현상의 모순이다. 누구도 쓰레기를 소유하지 않을뿐더러 누구도 쓰레기를 원치 않는다. 우리는 이러한 특수한 산물을 소유하기 위해 경쟁하는 대신 그것을 버리기 위해 경쟁한다. 우리는 쓰레기를 치울 능력이 우리보다 부족한 사람들에게 쓰레기를 떠안긴다. 쓰레기는 빈민가에 쌓이고, 오수는 하류로 흘러가며, 공기로 운반되는 산성 물질은 수백 마일을 날아가 그곳의 대기 중으로 '폐기'됨을 중지시킬 힘이 없는 사람들의 땅에 내려앉는다. 수천 평방 마일의 농경지가 다차선 고속도로의 건설로 생긴 쓰레기로 덮였고, 먼 도시의 쓰레기를 씻어 내는 데 사용되는 댐의 물이 잠겨 버렸다.

쓰레기는 패자들의 소유가 되는 반재산이고, 타이틀이 없는 이들의 상징이다.

쓰레기는 폭로적이다. 그 자체를 쓰레기로서, 그리고 우리의 쓰레기로서 끈질기게 보여 주기 때문이다. 쓰레기가 자연에 대한 우리의 무관심의 결과라면, 그것은 또한 우리가 자연의 무관심을 경험하는 방식이기도 하다. 그러므로 쓰레기는 사회가 문화의 일종임을 상기시킨다. 한때 우리의 거주지였으나 이제는 황폐해진 땅을 둘러보면, 우리가 어떤 모습을 원하건 자연은 우리가 원하는 모습이 아니라는 사실을 분명히 확인할 수 있다. 하지만 동시에 사회는 그저 우리가 원하는 모습이라는 사실 또한 분명이 확인할 수 있다.

이러한 모순의 결과는 사회가 쓰레기를 더 많이 배출할수록 그 쓰레기는 더욱더 폭로적이라는 것, 따라서 사회는 쓰레기를 배출한다는 사실을 더욱더 필사적으로 부인해야 한다는 것, 즉 그 폐기물을 더 많이 처리하거나 감추거나 무시해야만 한다는 것이다.

91 ·

자연을 통제하려는 시도의 핵심은 다른 사람들을 통제하려는 것이기에, 사회가 사회적 목표와 가치에 어느 정도 무관심을 표현하는 문화를 견디기 어려워하리란 것을 예상할 수 있다. 그러므로 되풀이되는 이러한 병행 현상을 통해 자연 쓰레기를 만들어 내는 사회는 인간쓰레기, 즉 폐인 또한 만들어 낸다는 것을 알 수 있다.

폐인들은 어떤 이유로든 더 이상 사회의 자원으로 유용하지 않아 아파트라이드apatride, 즉 무국적자 내지는 비非시민noncitizen이 된 사람들이다. 폐인들은 보이지 않는 곳에 있어야 한다. 게토, 슬럼가, 특별 보호 구역, 수용소, 은퇴자 마을, 집단 묘지, 외딴 지역, 전략적인 촌락과 같은 황폐하고 사람이 살 수 없는 곳에 말이다. 우리는 마스터 플레이어들이 그러한 "잉여 인간"(루벤스타인)을 수백만 명 만들어 내는 세기에 살고 있다.

자연 쓰레기가 저절로 생겨나지 않듯, 사람 역시 저절로 잉여가 되지 않는다. 어떤 사람들을 쓸모없는 쓰레기라 선언하는 것은 사회다. 인간쓰레기는 사회가 지는 유감스러운 짐, 사회의 적절한 운영의 부수적인 결과가 아니라 사회의 직접적 소산이다. 미국, 아프리카, 그리고 아시아 대륙에 정착한 유럽인들은 자연이 그들이 가는 길에 밀어 넣은 원치 않는 사람들을 마주친 것이 아니었다. 그들은 그들 사회의 가장 중요하고 바꿀 수 없는 어떤 원칙들로 그곳 토착민들을 잉여 인간들로 만들었다.

엄밀히 말하자면 폐인은 사회의 경계 밖에 존재하지 않는다. 그들은 사회의 적이 아니다. 우리는 다른 사회와 전쟁하듯 그들과 전쟁하지 않는다. 폐인은 사회의 대안이나 위협이 되지 않지만, 폭로적인 문화를 형성한다. 따라서 그들은 '추방'되고, 사회는 그들을 일소한다.

92 •

사회가 베일을 벗으면, 좌우간 그것이 우리가 원한 모습이라는 것을, 사회는 결코 자연 현상이나 본능의 표현이 아니라 필연적인 것이 무엇 하나 없는 문화의 일종이라는 것을 알게 되면, 자연은 더 이상 다양한 일련의 사회적 목적을 형성하지 않으며 그에 들어맞지 않는다. 우리는 베일이 벗겨진, 숨겨진 자기 기원, 즉 천재라는 단 하나의 얼굴을 가진 자연 앞에 서게 된다.

우리가 천재로서 볼 때, 우리는 자연을 천재로 보게 된다.

우리가 우리 자신을 근원으로 이해할 때, 우리는 자연을 근원으로 이해하게 된다. 우리가 설명될 수 없다는 것을 보게 될 때, 우리 자신의 자기 기원을 사실로서 진술할 수 없을 때, 우리는 자연을 설명하려는 모든 시도를 단념하게 된다. 우리가 우리 자신을 자연의 타자로 볼 때, 우리는 환원 불가능한 자연의 타자성을 이해하게 된다.

93 •

천재로서 보는 무한 게임 플레이어에게 자연은 절대적으로 다른 것이다. 무한 게임 플레이어는 자연의 얼굴에서 아무것도 인식하지 못한다. 자연은 인간 존재에 대한 무관심뿐 아니라 다름 또한 보여 준다.

자연은 집을 제공하지 않는다. 비록 우리가 자연의 무관심에 대응해 정원사가 되기는 하지만, 자연은 우리를 먹이기 위해 그 무엇도 하지 않는다. 유대교와 이슬람교 신화에서 신은 우리에게 정원을 주지만 우리를 위해 정원을 가꿔 주지 않았으며, 사실 그럴 수도 없었다. 그것은 단지 우리가 대응할 수 있었기 때문에, 책임질 수 있었기 때문에 정원인 것이었다. 우리의 책임은 그 다양성과 개별적인 특성을 주목하는 데 있었다. 우리는 이것과 저것을 구별해 동물들에게 이름을 지어 주기로 되어 있었다. 이 정원은 우리에게 자동으로 식량을 제공하는 기계와 같은 장치가 아니었다. 우리 역시 외부로부터 움직이고 내적으로 운명 지워진 기계와 같지 않았다. 이러한 신화에 따르면 신은 우리에게 생명을 불어넣었지만, 계속 살아가기 위해서는 우리 스스로 호흡해야 했다.

하지만 정원에 대한 책임이 우리가 자연의 정원을 만들 수 있음을 의미하지는 않는다. 마치 정원이 우리가 소유할 수도 있는 포이에마인 듯 말이다. 정원은 우리가 소유하는 무언가, 우리가 그 위에 신처럼 서 있는 무언가가 아니다. 정원은 포이에시스이고 다양성에 대한 수용성이며, 항상 다름을 만들어 내는 다름의 비전이다. 시인은 기꺼이 다름을 받아들이고 아무것도 환원하지 않으며, 아무것도 설명하지 않고 아무것도 소유하지 않는다.

우리는 침묵 속에서 천재 앞에 선다. 우리는 천재를 말할 수 없으며 오직 천재로서 말할 수 있을 뿐이다. 하지만 내가 천재로서 말한다 할지라도 천재를 대변할 수는 없다. 나는 내 대본의 목소리를 자연에 줄 수 없다. 다른 사람에게도 줄 수 없다. 그들 자신의 근원, 그들의 독창성을 부정하지 않고서는 말이다. 그렇게 한다면 타자에게 응답하기를 그만두는 것이고, 책임지기를 그만두는 것이다. 누구도 그 무엇도 나의 대본에 속하지 않는다.

자연의 무無거주성, 인간 존재에 대한 자연의 철저한 무관심은 무한 게임 플레이어에게 자연이 극적인 것의 천재라는 사실을 드러낸다.

7장

신화는 설명을 유발하지만, 그 어떤 설명도 받아들이지 않는다

Myth Provokes Explanlation but Accepts None of It

94 •

신화는 설명을 유발하지만, 그 어떤 설명도 받아들이지 않는다. 설명이 말할 수 없는 것을 말할 수 있는 것 안으로 흡수하는 데 반해, 신화는 독창적인 담화를 가능케 만드는 침묵을 재도입한다.

설명은 질서와 예측 가능성의 섬들, 심지어는 대륙들을 건설한다. 그러나 이러한 지역들은 먼저 그 삶이 탐험과 위험의 내러티브인 모험가들에 의해 지도로 그려졌다. 그들은 길도 없이 무한히 열린 광야로 떠난 신화적 여행을 통해 그 지역들을 발견했다. 뒤에 모험심이 덜한 정착자들이 도착해 세부적인 문제들을 해결하고 이러한 공간들에 정착할 때, 그들은 이 모든 견고한 지식은 신화를 삭제하는 것이 아니라 신화 속에 떠 있는 것이란 감각을 쉽게 상실하고 만다.

코페르니쿠스의 발견보다 위대한 발견은 없다. 그 누구도 성공적으로 도전한 적이 없는 하늘에 질서를 투사했기 때문이다. 그 당시 많은 사람들도 그러했지만, 현재도 어떤 이들은 이 위대한 사실 진술이 인류의 진보를 가로막고 인류를 줄곧 암흑 속에 가두었던 신화라는 먹구름을 제거했다고 여긴다. 그러나 코페르니쿠스가 없앤 것은 신화가 아닌 다른 설명들이었다. 신화는 다른 곳에 있다. 어디인지 보기 위해 우리는 코페르니쿠스의 작품 속 사실들을 보지 않고, 그가 그 사실들을 진술하는 것에서 이야기를 찾는다. 지식은 성공적인 설명이 가져다준 것이다. 하지만 우리를 어딘가로 떠나게 하는 생각은 순수한 이야기다.

코페르니쿠스는 백 개의 눈으로 떠났던 여행자, 비전의 희망으로 친숙한 모든 것을 감히 새롭게 본 여행자였다. 우리가 이 이야기에서 듣는 것은, 놀라움을 위해서라면 어떠한 위험도 무릅쓰는 고독한 방랑자 페레그리누스peregrinus의 옛 영웅담이다. 사실 어느 순간 그는 바라보기 위해 멈추고, 마스터 플레이어로서 그의 여정을 끝내고 제한된 사실을 적어 내려갔을지도 모른다. 그러나 코페르니쿠스의 삶에서 가장 깊은 울림을 주는 것은 지식을 가능케 했던 그 여행이지, 그 여행을 성공적으로 만든 지식이 아니었다.

신화는 그것이 유발하는 설명들을 받아들이지 않는다는 것을, 우리는 모든 영역의 사상가들이 더 높이 보기 위해 친숙한 것을 재검토하는 그 대담함에서 확인할 수 있다. 실제로 문화의 활기는 바로 이러한 사상가들이 얼마나 자주 새로운 지식의 대륙을 발견하느냐가 아니라, 얼마나 자주 그러한 대륙을 찾아 떠나느냐로 결정된다.

문화는 그 문화의 가장 강력한 신화보다 강력할 수 없다.

95 ·

이야기는 오직 그 자체를 위해 다시 말해지고, 집요하게 다시 말해질 때 신화의 지위를 얻는다.

주장을 강화하기 위해서나 청중을 즐겁게 하기 위해 이야기를 한다면, 그 자체를 위해 이야기를 하는 것이 아니다. 그 자체를 위해 이야기를 한다는 것은 이야기를 하는 이유가 그것이 이야기이기 때문이지, 그 외의 다른 이유는 없다는 뜻이다. 위대한 이야기들은 그 이야기를 듣고 알게 되면 그 이야기를 하게 된다는 특징이 있다.

이야기를 들을 때 우리의 첫 반응은 그 이야기를 직접 하고 싶다는 욕망이다. 위대한 이야기일수록 그 욕망은 더욱 크다. 우리는 그 이야기를 다시 할 상황을 만들기 위해 상당한 시간과 불편을 감수할 것이다. 이는 마치 우리를 대리인으로 이용하면서 이야기 자체가 되풀이될 기회를 찾는 것만 같다. 우리가 우리 자신을 위해 이야기를 찾아 나서는 것이 아닌, 오히려 이야기가 그 자체를 위해 우리를 찾아낸다.

무한 게임이 관객을 가질 수 없듯, 이야기는 비평할 수 없다. 일단 이야기를 듣게 되면 이야기 자체의 차원으로 들어가게 된다. 이야기의 시간과 공간에 살게 되는 것이다. 그러므로 자신의 경험을 통해 이야기를 이해하는 것이 아니라, 이야기를 통해 자신의 경험을 이해하게 된다. 지속적인 신화의 힘을 가진 이야기는 경험을 통해 우리 각자 안의 천재에 접촉한다. 그러나 경험은 이 생성적 접촉의 결과이지 원인이 아니다. 따라서 우리에게 일어난 일에 대해 이야기를 할 수 없다면 아무 일도 일어나지 않은 것이라고까지 말할 수 있는 것이다.

프로이트를 오이디푸스로 이끌었던 것은 그의 무의식 이론이 아닌 오이디푸스 신화였다. 바로 그것이 그가 환자들의 말을 듣는 방식을 형성했다. "충동 이론은 말하자면 우리의 신화"라고 프로이트는 썼다. 그렇다면 거기에서 나온 무의식, 슈퍼에고, 에고의 이론도 그렇다. 이는 우리가 우리의 경험을 이해하는 방식뿐만 아니라 우리의 경험 자체를 변화시켰을 만큼 시적인 힘을 지닌 신화다. 우리 중 그 누가 에고의 위기를, 마음을 어지럽히는 원치 않는 감정의 존재를, 보다 다형적으로 구현된 성으로부터의 불안한 후퇴를 모르겠는가? 이러한 경험들을 기술한 것은 냉정한 과학자 프로이트가 아니다. 그것을 가능케 한 것은 신화적인 몽상가 프로이트다.

신화는 개인적 경험을 가능케 하기에 집단적인 경험 또한 가능케 한다. 모든 문명은 이야기에서 발흥하며, 이야기 말고는 다른 어떤 것도 문명을 발흥시키지 못한다. 토라를 의미 있게 만드는 것은 유대인들의 역사적 경험이 아니다. 충동 이론이 20세기 초 빈의 소수 중산 계급의 심리에 대한 기술이 아니듯, 토라 역시 이 세상의 창조와 초기 유대인들의 삶에 대한 기술이 아니다. 토라는 유대인들의 이야기가 아닌 유대교를 하나의 이야기로 만드는 존재다.

우리는 신화 그 자체를 위해 이야기한다. 신화는 이야기이기를 고집하는, 그리고 이야기되기를 고집하는 이야기이기 때문이다. 우리는 그것과의 접촉으로 살아난다.

우리가 아무리 신화를 몹시 비활성적인 포이에마로 진지하게 간주하고 그에 형이상학적 의미를 부여한다고 해도, 신화는 그 자체의 생명력으로 다시 나타난다. 우리가 어떤 이야기를 들여다보며 그 의미를 찾을 때, 그 의미는 언제나 그 이야기를 살펴보기 위해 우리가 가져온 의미다.

신화는 문화라는 정원에 있는 마법의 나무와 같다. 신화는 말 없는 자연이라는 대지 위가 아닌 문화라는 정원에서 자란다. 우리가 열매를 따거나 우리가 좋아하는 디자인으로 다듬을수록 그 나무는 더욱더 우람해지고 풍성해진다.

신화는 그 자체를 위해 이야기되는 의미 있는 이야기가 아니라, 의미를 부여하는 이야기다.

96 •

이야기꾼이 한 민족의 모든 이야기를 안다고 믿게 되면 형이상학자나 관념론자가 된다. 이는 시작과 끝이 빤히 보이는 연극화된 역사다. 환자에게서 프로이트의 신화를 찾는 정신 분석가는 발견할 준비가 되지 않은 것들은 모두 걸러 내는 필터를 부과하는 것이다.

정신 치료의 관계는, 프로이트 신화는 그들 사이에 일어나는 일의 의미를 결정짓는 것이 아니라 그들의 관계가 그 자체의 이야기를 가지는 가능성을 제공한다는 사실을 환자와 치료자 모두가 깨달아야만 지평적이 될 것이다.

따라서 프로이트 신화는 그들의 관계에서 반복되는 것이 아니라 그 내부에서 반향을 일으킨다. 성서에 나오는 약속을 근거로 특정 영토에 대한 권리를 주장하는 유대인들, 러시아인들을 성경에 나오는 세상의 종말에 대한 예언들에서 예견된 사악한 대군이라 믿는 기독교도들은 성경을 반복하지만 성경에 공명하지는 않는다.

신화가 우리 안에서 울려 퍼질 때, 우리는 신화에 공명한다. 신화는 그 목소리가 나의 목소리로서 들리는 것이 아니라, 내 안에서 들릴 때 내 안에서 울려 퍼진다. 내가 예레미야를 인용하거나 예레미야로 말할 때가 아니라, 오직 예레미야가 내 안의 원래의 목소리를 건드리는 방식으로 말할 때에만 공명한다. 뉴욕 사람의 말이 울림을 주는 것은 그 사람이 뉴욕 사람처럼 말해서가 아니라, 그 사람이 말할 때 그 목소리에서 뉴욕이 들리기 때문이다.

신화의 울림은, 한 사람이 다른 사람에게 들려주는 이야기와 그들이 이야기를 하고 듣는 것에 대한 이야기 사이의 명백한 구분을 무너뜨린다. 당신이 내게 마호메트의 이야기를 하는 것과 내가 당신이 내게 마호메트의 이야기를 한 이야기를 하는 것은 전혀 다른 것이다. 보통 우리는 이야기를 화자의 말에 국한한다. 그러나 그렇게 함으로써 우리는 그것을 말해지는 이야기가 아닌 인용된 이야기로 다룬다. 당신이 마호메트의 이야기를 반복하는 것이 아니라 마호메트에 대해서 이야기를 들려줄 때, 나는 접촉되고 나의 천재로부터 응답한다. 무언가가 시작되는 것이다. 그러나 접촉을 하면서 당신 또한 접촉된다. 그렇게 우리 사이에 무언가가 시작되고, 우리의 관계가 극적으로 열린다. 이 드라마는 마호메트의 이야기를 하는 것에서 나오므로, 우리의 이야기는 마호메트의 이야기와 공명하고 마호메트의 이야기는 우리의 이야기와 공명한다.

신화는 말해지고, 그렇게 말해지면서 끊임없이 울려 퍼지기 때문에 이미 풍부한 울림으로서 우리에게 온다. 이야기 자체와 그 이야기를 하는 것에 대한 이야기는 깊이 공명한다. 이야기로서 이야기가 가지는 힘은, 우리를 그 이야기의 드라마로 초대하는 능력에 있다. 그 드라마는 우리 문화의 천 가지 원천으로부터 나오는 목소리들, 울리고 되울리는 목소리들의 모든 역사를 담고 있는 드라마다. 이러한 이유로 신화는 현저하게 미확정적이다. 그러나 무한 게임의 방식으로 미확정적이기에 규칙이나 서사 구조가 있어도 플롯이 고정되어 있거나 마지막 장면으로 종결지어지지 않으며, 언제든 누구든 몇 사람이든 그 드라마에 참여할 수 있게 해 준다. 그러한 이야기에서는 종결이나 죽음에 관한 언급이 많겠지만, 그러한 말들은 언제나 죽음이 플레이의 끝이 아니라 플레이의 과정에서 오는 방식을 보여 줄 것이다.

97 ·

억누를 수 없는 울림을 지닌 신화들은 저자의 흔적을 모두 잃어버렸다. 신원을 확인할 수 있는 예언자나 복음서의 저자들이 쓴 종교적 텍스트들의 경우에도, 그러한 텍스트들은 그 말을 들은 사람들이 기록을 한 것이지 그들이 한 말이 아니라고 모두들 생각한다. 모세는 율법을 받았지 율법을 만들지 않았다. 마호메트는 코란을 들었지 구술하지 않았다. 기독교도들은 마가의 복음이 아니라 마가가 전하는 복음을 읽는다. 힌두교도들은 그들의 가장 권위 있는 텍스트인 베다sruti를 들은 것으로, 베다에서 유래한 문헌smriti을 지은 것으로 이해한다.

복음은 직접 들은 사람에게서가 아니면 어디에서도 들을 수 없다. 비록 내가 당신의 목소리에서 뉴욕을 들을 수 있을지는 몰라도, 내가 뉴욕을 저절로 들을 가능성은 없다. 따라서 그 어떤 신화도 저절로 존재하지 않으며, 발견 가능한 기원도 없다. 누구를 최초의 뉴요커라 부를 것인가? 예언자가 들었던 것이 신의 말이라 할지라도 그것은 신의 말에 국한된 말투가 아니라 그 예언자의 말과 표현으로 말하는 신이다. 마치 신의 말은 그 자체가 경청의 한 형태라는 듯 말이다.

사실 신화는 우리가 서로에게 경청하는, 상대의 말을 가능케 하는 침묵을 제공하는 최고의 형태다. 따라서 종교는 듣는 것을 말하는 것보다 훨씬 더 높이 친다. Fides ex auditu. 믿음은 듣는 데서 온다고 바울은 말한다.

98 ·

공명의 반대는 증폭이다. 합창단은 서로 공명하는 목소리들의 통일된 표현이다. 확성기는 하나의 목소리를 증폭하고 다른 목소리는 모두 배제한다. 종은 울리고, 대포는 증폭한다. 우리는 종소리에 귀를 기울이고, 대포에 의해 침묵된다.

단 하나의 목소리가 충분히 증폭되면, 그것은 다른 목소리를 들을 수 없게 만드는 말이 된다. 우리가 확성기 소리를 듣는 것은 그것이 무슨 말을 하고 있어서가 아니라 그것만이 말하고 있기 때문이다. 고압적인 말은 증폭된 말이자 우리를 침묵시키는 말이다. 크게 소리치는 말은 명령의 방식이기에 그 자체를 가능한 한 완벽하고 신속하게 끝내고자 의도된 말이다. 증폭된 목소리는 듣는 쪽의 순종을, 그리고 그들의 말의 즉각적인 종료를 추구한다. 확성기와의 대화 가능성은 없다.

이데올로기는 신화의 증폭이다. 그것은 역사의 시작과 끝이 알려져 있으므로 더 이상 말할 것이 없다는 가정이다. 그렇게 역사는 이데올로기에 따라 고분고분 살아가는 것이다. 유럽의 전쟁광들이 정기적으로 종을 녹여 대포를 만들었듯, 형이상학자들은 그들 신화의 의미를 찾아내 이야기의 울림도 없이 그 의미를 발표했다. 이제 신화 그 자체는 거짓이나 진부한 것으로 간주되므로, 금지되지 않으면 무시되어야 하는 존재다.

관념론자들이 감추려고 하는 것은 역사의 합창적 본질, 즉 역사는 매우 상이한, 심지어는 반대되는 목소리들, 그럼에도 불구하고 저마다 다른 목소리를 가능케 만드는 목소리들의 교향곡이라는 생각이다.

99 ·

신화가 설명을 유발하는 것이 사실이라면, 설명의 궁극적인 목적은 신화의 제거라는 것 또한 사실이다. 유럽의 교회와 시청의 종들을 이용할 수 있었다는 이유만으로 새 대포를 만들 수 있었던 것은 아니다. 대포를 만드는 이유에는 종을 침묵시키기 위함도 포함된다. 이는 유한 게임의 최고 형태의 모순이다. 다시 말해 플레이를 할 모든 필요를 지워 버리는 방식으로 플레이를 한다는 모순 말이다.

확성기가 다른 모든 목소리들을 성공적으로 죽여 대화의 모든 가능성을 없애 버리면, 확성기에는 전혀 귀를 기울이지 않게 되므로 확성기는 제 목소리를 잃고 그저 소음이 된다. 우리가 혼자서만 유일한 화자가 되는 데 성공하면 화자 자체가 사라진다. 율리우스 카이사르는 본래 공화국에 일반적인, 매우 위험한 스타일로 정치하기를 좋아했기에 로마에서 권력을 추구했다. 하지만 그는 그 게임을 지나치게 잘한 나머지 자신의 적들을 모두 파멸시켰고, 따라서 진정으로 위험한 싸움을 찾을 수 없게 되었다. 그 일 때문에 권력을 추구했건만, 바로 그 일을 할 수 없게 된 것이다. 그의 말은 이제 거역할 수 없었기에, 그는 누구와도 말을 할 수 없어 그의 고립이 완벽해졌다. "우리는 이 남자가 암살되기를 바라고 있었다고도 할 수 있을 것이다"(사임).

모든 설명이 신화 그 자체를 침묵시키기 위한 것이라면, 설명과 이데올로기에 깊이 헌신하는 사람들을 발견할 때마다, 플레이가 전쟁의 진지함을 띨 때마다 우리는 망각했음을 망각할 수 없는 신화들에 시달리는 사람들을 발견하게 될 것이다. 망각될 수 없는 신화는 침묵의 역설과 공명하는 신화들로, 우리의 사고, 심지어 우리의 문화와 우리의 문명의 원천이 된다.

이러한 신화들은 우리가 쉬이 발견하고 이름을 붙일 수는 있으나, 그 의미는 끊임없이 우리를 피해 다니는 신화들, 진리로 전환해도 그 공명의 종을 형이상학적 해석의 모래로 채우지 못할 신화들이다. 이러한 신화들은 흔히 지나치게 단순한 이야기들이며, 아브라함이 한 예다. 아브라함은 그토록 오래 살았음에도 겨우 두 명의 자식을 두었고, 그중 하나는 서출이었는데도 후손이 하늘의 별만큼이나 많으리란 약속을 받았다. 서구의 주요 종교 셋 모두 그들 자신이 아브라함의 후손이라 여긴다. 비록 이들 모두 자기네가 시조의 유일한 최후 직계라는 환상을 가졌고, 그 환상은 늘 하늘의 별만큼이나 많다는 표현으로 위협을 받지만 말이다. 이는 항상 미래가 있는 미래의 신화다. 종결이 없는 지평의 신화다.

부처의 깨달음의 신화에도 동일한 역설이 있다. 마찬가지로 설명을 유발하지만, 문제를 해결할 가능성은 거의 없다는 역설 말이다. 그것은 그저 죽을 운명을 타고난 인간의 이야기, 신의 아무런 도움 없이 모든 형태의 구속으로부터 해방되기 위해, 이 해방을 다른 사람들에게 전하고 싶은 욕망까지 포함해 정말이지 모든 형태의 구속으로부터 해방되기 위해 영적인 탐구를 성공적으로 수행하는 인간의 이야기다. 언어로는 절대 표현할 수 없는 이 사건은 수십 개의 언어로 된 엄청난 문헌의 흐름을 낳았고, 이는 수그러들 기미가 보이지 않는다.

어쩌면 기독교 신화는 이데올로기적 사고방식을 지닌 사람들을 가장 심란케 하는 이야기였을 것이다. 그것은 아브라함과 부처의 이야기처럼 매우 단순한 이야기, 우리 중 하나가 됨으로써 귀를 기울이는 신에 대한 이야기다. 그 신은 신성을 '비워 버린' 신, 명령조의 말의 특권을 모두 포기하고 "우리 가운데 거하며", "섬김을 받기 위해서가 아니라 섬기려고 온", "모든 사람에게 모든 것이 되는" 신이다. 그러나 그가 온 세상은 그를 받아들이지 않았다. 그들은 고압적인 말을 하는 신을, 명령하는 우상을, 그들 자신의 유한한 설계의 연극적 유사물을 확실히 더 좋아했다. 그들은 기꺼이 그 자신과는 닮지 않은 인간의 탈을 쓰고 경이의 침묵을 통해 모든 것이 할 말을 하게 해 주는, 거룩한 치유의 메타포를 통해 그들에게 그들 자신의 목소리를 주는 무한 경청자를 기대하지 않았다.

그들 자신의 신화의 울림에 귀를 막았던 기독교도들은 그들의 살인 기계들을 몰고 역사의 정원으로 쳐들어갔지만, 그 신화를 죽이지 않았다. 그들이 복수의 도구로 만들었던 신성을 비워버린 그 신은, 끝나지 않는 자신의 이야기를 가지고 "슬픔의 사람"으로 돌아와 침묵당한 이들의 목소리를 계속해서 되살린다.

100 ·

예수의 신화는 본보기이기는 하나 반드시 필요한 것은 아니다. 반드시 필요한 신화, 반드시 말해져야 하는 이야기 같은 것은 없다. 이야기에는 누군가 밝혀야 하거나 누군가 들어야 할 진실이 없다. 그것이 그 자체를 불필요하게 만든다는 것이 예수 신화의 일부다. 예수의 신화는 육신이 되는 말의 이야기, 역사로 들어가는 언어의 이야기다. 말이 육신이 되고 죽는, 역사가 언어로 들어가는 이야기다. 그의 신화를 듣는 이는 역사를 초월해 그 신화에 대한 영원한 진리를 말할 수 없다.

무한 게임 플레이어들이 기독교도가 될 필요는 없다. 사실상 그들이 진지하게 기독교도가 되는 일은 가능하지 않다. 진지하게 불교도나 이슬람교도, 무신론자나 뉴요커가 되는 일 역시 가능하지 않다. 그러한 타이틀은 전부 가벼운 추상화, 웃자고 하는 공연일 뿐이다.

무한 게임 플레이어들은 어떤 특정한 이야기를 연기하는 진지한 배우들이 아니라, 그들이 끝낼 수 없는 이야기가 계속해서 창안되는 무대의 즐거운 시인들이다.

101 •

오직 하나의 무한 게임만이 존재한다.

옮긴이 | 노상미
고려대학교에서 역사학을, 같은 대학 대학원에서 서양철학을 공부했다. 그동안 옮긴 책으로 《가르친다는 것은》, 《어쩌다 사회학자가 되어》, 《행복학 개론》, 《편애하는 인간》, 《북로우의 도둑들》, 《어떻게 늙을까》, 《우아함의 기술》, 《에베레스트에서의 삶과 죽음》, 《사라진 책들》, 《나이 공부》, 《나를 숙고하는 삶》 등이 있다.

유한 게임과 무한 게임
인생이라는, 절대 끝나지 않는 게임에 관하여

초판 1쇄 발행 2021년 9월 6일

지은이 제임스 P. 카스
옮긴이 노상미
펴낸이 서재필
책임편집 박우주

펴낸곳 마인드빌딩
출판신고 2018년 1월 11일 제395-2018-000009호
주소 서울특별시 마포구 월드컵북로 400 (상암동) 5층 7호
전화 02)3153-1330
이메일 mindbuilders@naver.com

ISBN 979-11-90015-54-7 (03100)